잠들기 전 5분 잠 이야기

잠들기 전 5분 잠 이야기

잠에 관한 놀랍고 재밌는 사실들

글 재키 맥캔 외
그림 에이미 그라임스 외
옮김 강수진

차례

우린 왜 잠을 잘까요?	6
꿈은 무엇일까요?	14
꿀잠 자는 법	20
잠꾸러기 챔피언들!	22
침대의 세계 기록	30
파라오의 침대	38
세계의 잠자리	46
아늑하고 따뜻해요!	52
우주에서 잠들기	54
흔들흔들 잠들기	60
여행하며 잠자기	64
병원의 분주한 밤	70
찾아라, 고쳐라!	76
우리가 잠자는 사이에	80
밤의 사냥꾼들	86
사막에서 사는 법	94
물속의 잠자리	102

동물들은 어떻게 잘까요?	110
곰의 겨울잠	118
작은 동물들의 겨울나기	126
해가 뜨고 질 때까지	134
하얀 밤	140
북극광	146
별나라 여행	150
별 보기	156
별들의 이야기	160
달을 보아요	166
달을 향한 여행	172
달의 비밀	178
세상의 자장가들	182
이 책을 만든 사람들	186
용어 사전	188
참고한 자료들	189
찾아보기	190

우린 왜 잠을 잘까요?

우리는 정말 잠을 많이 자요. 사실, 어린이는 거의 하루의 절반을 잠으로 보내거든요. 왜 그럴까요? 그건 우리의 몸이 원해서 그런 거랍니다. 잠은 음식이나 운동만큼 중요하거든요.

졸음이 쏟아지면, 눈꺼풀이 무겁고 하품이 나와요.

그런데 궁금하지 않아요? 왜 우리는 낮이 아니라 밤에 잠을 자는지 말이에요. 보이지는 않지만, 우리 몸속에는 태양에 맞춰진 시계가 있답니다. 그 시계가 밤인지 낮인지 알려 줘요. 밤이 와서 어두워지면, 몸 안에 있는 시계가 "자러 갈 시간이야."라고 말해요. 하지만 자러 가는 시간이 사람마다 다 똑같지는 않아요.

종달새는 아침 일찍 일어나 노래를 해요.

지지배배! 지지배배!

일찍 잠이 드는 사람들은 아침에도 일찍 일어나요. 이런 사람들을 '종달새족'이라고 부른답니다. 해가 뜨자마자 일어나 노래를 부르는 종달새를 닮았기 때문이죠.

늦게 자고 아침에 늦게 일어나는 걸 좋아하는 사람들도 있어요. 이런 사람들은 '올빼미족'이라고 불러요. 올빼미는 밤에 활동하는 야행성 동물이거든요. 여러분은 종달새인가요, 올빼미인가요?

후웃! 후웃!

올빼미는 밤에 사냥을 해요.

잠이 든다는 건 도대체 무엇일까요? 그건, 옆에서 무슨 일이 일어나도 모를 정도로 푹 쉬는 것을 말해요. 잠에도 단계가 있는데, 밤새 여러 번 그 단계가 되풀이된답니다.

3
우리가 꿈을 꿀 때는 자기도 모르게 눈동자가 빨리 움직여요. 이때를 '렘수면'이라고 해요.

2
몸의 긴장이 풀리면, 체온이 낮아지고 새근새근 편안하게 숨을 쉬면서 '깊은 잠'에 빠져들어요. 깊은 잠을 자는 동안 우리 몸은 하루 종일 쌓인 피로를 풀지요.

1
잠자리에 누우면, 보통 7분 정도 지나서 '얕은 잠'이 들어요.

잠을 잘 때, 사람마다 좋아하는 자세가 있어요. 군인처럼 똑바로 누워서 자기도 하고, 아기처럼 웅크리고 자기도 해요. 여러분은 어떤 자세로 잠이 들어요? 혹시 밤새도록 뒤척이고 이불을 걷어차면서 여러 자세로 자는 건 아닌가요?

잠은 놀라운 방법으로 우리 몸의 모든 부분에 영향을 미쳐요. 자는 동안에 우리의 뇌가 말끔하게 청소된답니다. 다음은 우리가 잠이 들었을 때 우리 몸속에서 일어나는 일들이에요.

감정이 가라앉아요.

새로 배운 것을 잊지 않아요.

하루 동안 일어난 일들을 기억 속에 담아요.

면역력이 자라요.

우리가 자는 동안에 재미있는 일들이 정말 많이 벌어진답니다.

거의 모든 어린이는 코를 골아요. 감기에 걸리면 밤마다 코를 골기도 해요. 어린이 10명 중 1명은 매일 코를 곤다고 합니다. 코골이는 무언가 목구멍에 흐르는 공기를 막을 때 일어나요. 자는 동안 늘어진 혀나 목젖이 공기가 지나가는 길을 좁게 해서 악기처럼 진동하는 것이에요.

막 잠이 들었는데 침대에서 떨어지는 것 같은 이상한 기분을 느껴본 적이 있지요? 움찔하고 놀라서 깨곤 하지요. 이런 기분을 '수면 놀람'이라고 해요. '수면'은 잠을 잔다는 뜻이에요. 우리가 얕은 잠이 들어 근육의 긴장이 풀어졌을 때, 몸이 넘어진다고 착각한 뇌가 실수로 경고 신호를 보내어 움찔하는 것이라고 과학자들은 생각해요.

중얼 중얼

어린이들은 잠꼬대를 어른보다 많이 해요. 잠꼬대는 잠을 자면서 자기도 모르게 중얼중얼거리는 것을 말해요. 잠이 안 든 사람처럼 똑바로 말할 때도 있긴 하지만, 무슨 말인지 알아들을 수 없는 잠꼬대가 더 많아요.

잠이 든 채로 일어나거나 걸어 다니는 것을 '몽유병'이라고 합니다. 낮에 힘든 일을 겪었을 때 많이 일어나는데, 어린이 100명 가운데 15명 정도가 이런 경험을 해요. 침대에 걸터앉아서 잠을 자기도 하고, 여기저기 걸어 다니기도 해요.

꿈은 무엇일까요?

꿈은 신비해요. 꿈은 잠자는 동안 우리 마음이 만들어 내는 그림과 이야기랍니다. 꿈의 내용은 때에 따라 달라요. 매우 흥미로울 때도 있고, 무서울 때도 있고, 이상할 때도 있어요.

우리는 매일 밤 꿈을 7개 정도 꾼다고 해요. 과학자들은 어머니의 뱃속에 있는 아기들도 꿈을 꿀 수 있다고 생각한답니다. 하지만 우리는 잠에서 깨자마자 꿈을 거의 다 잊어버리죠. 재미있는 점은, 꿈을 꾸다가 중간에 깨었을 때에는 그 꿈을 기억할 수도 있다는 거예요.

꿈을 연구하는 일은 쉽지 않기 때문에, 밝혀지지 않은 부분이 아직도 많이 남아 있어요. 과학자들은 꿈이 대체 무엇인지 알아내기 위해 노력하고 있답니다.

우리는 눈동자가 빠르게 움직이는 잠을 잘 때에 보통 꿈을 꿉니다. 이때를 '렘수면'이라고 해요.

처음 잠이 들었을 때에는 겨우 몇 분 정도 짧은 꿈을 꾸지만, 잠이 거의 깰 무렵에는 길게는 30분까지 긴 꿈을 꾸기도 해요. 아무튼 이 흥미로운 현상은 바로 우리들의 뇌에서 일어나는 일이에요.

분홍색 소시지처럼 보일지 모르지만, 이것이 우리의 뇌예요! 꿈을 꾸는 동안 모든 뇌의 부분이 일을 하지만, 특히 한 영역이 가장 바쁘게 움직여요. 과학자들이 '변연계'라고 부르는 이곳에서 우리의 기쁨과 슬픔 같은 감정과 기억을 조절해요. 우리가 꿈을 꾸고 나서 뭔가 깊은 감정을 느끼는 이유도 아마 이 영역 때문일 거예요.

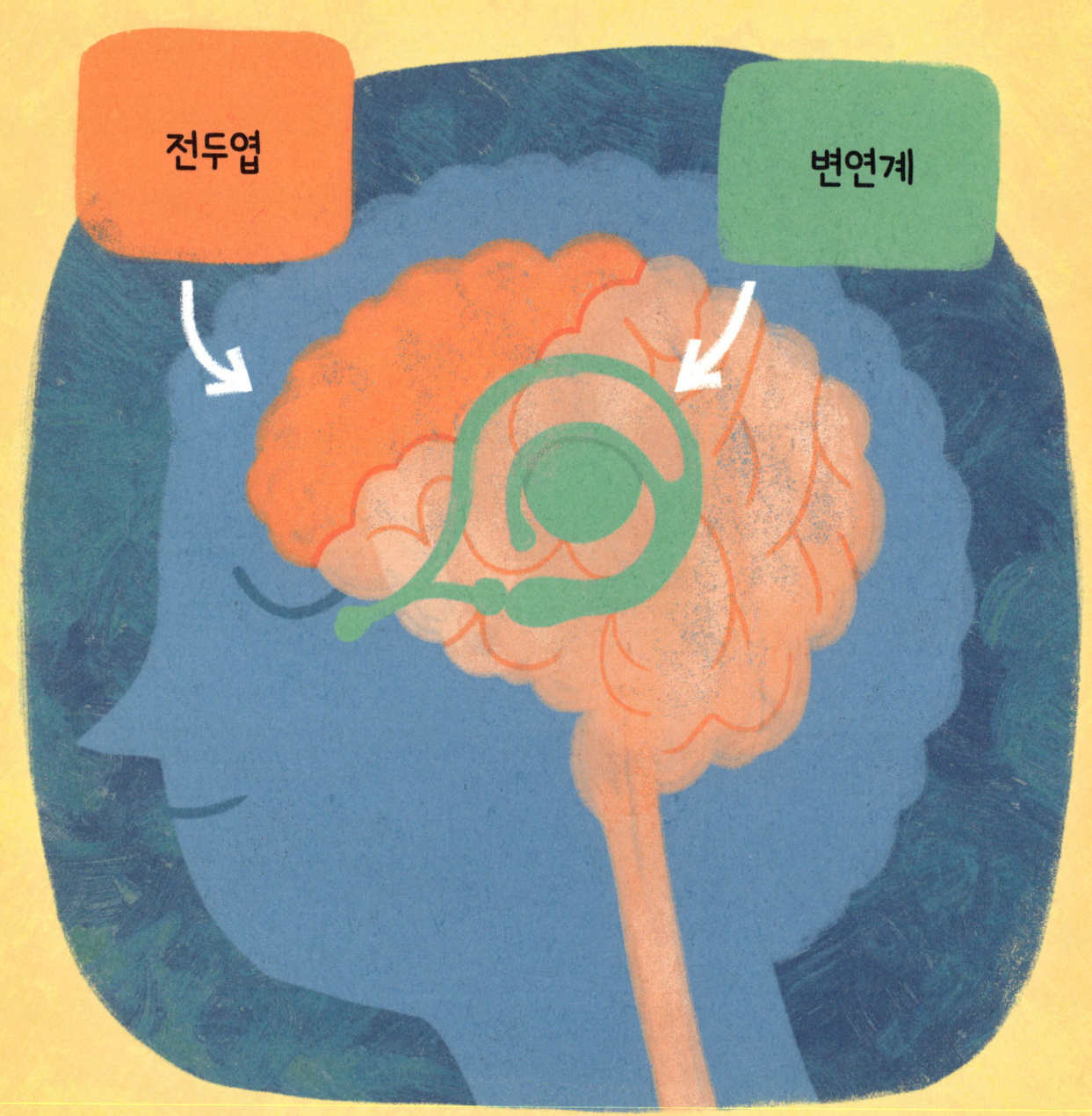

뇌의 가장 앞쪽에 있어 과학자들이 '전두엽'이라고 부르는 부분은 기억력과 사고력, 추리력 등 고도의 이성적인 활동을 담당해요. 우리가 꿈을 꿀 때 전두엽은 거의 활동하지 않는데, 우리가 꾸는 꿈이 뒤죽박죽인 까닭도 아마 이 때문일 거예요.

우리의 뇌는 우리가 깨어 있을 때에도 일하고 있지만, 잠을 자고 있는 동안에도 또 다른 방식으로 바쁘게 일해요. 과학자들은 우리가 잠을 자고 있는 동안에, 뇌가 그날 배우거나 알게 된 것을 이미 알고 있던 것들과 연결한다고 생각하지요. 그래서 잠에서 깨어난 후에, 그동안 풀지 못했던 어려운 문제를 풀어내기도 해요.

　영국의 밴드 비틀스가 부른 〈예스터데이〉는 세계 여러 나라 사람들이 무척 좋아하는 노래 가운데 하나예요. 이 노래도 꿈에서 출발했어요. 비틀스의 멤버 폴 매카트니가 어느 날 꿈에서 낯설고 멋진 곡을 들었어요. 매카트니는 잠에서 깨자마자 꿈에서 들었던 곡을 잊지 않기 위해서 피아노로 달려갔다고 해요. 여러분도 혹시 꿈에서 본 멋진 것을 놓치지 않았는지 생각해 보아요.

고대 이집트 사람들은 꿈을 기록했어요. 영국 런던의 대영 박물관이 소장하고 있는, 낡고 해진 이 책은 무려 3200년 전에 기록되었어요.

사람들은 언제나 꿈과 그 꿈의 의미에 사로잡히곤 했어요. 고대 이집트 사람들은 신이 꿈을 보내 주었다고 믿었기 때문에 꿈이 무슨 뜻인지 알고 싶어서 꿈의 신전을 찾아갔답니다. 그래도 꿈의 의미를 제대로 이해하기는 쉽지 않았어요. 어떤 사람들은 자신의 꿈을 해석하기 위해 꿈풀이책을 구하기도 했답니다.

성경에는 미래를 예언하는 꿈 이야기가 많습니다. 특히 요셉이 화려한 옷을 입고 꿈을 해석해 주었다는 이야기가 잘 알려져 있지요.

고대 중국 사람들은 《주공해몽》이라는 꿈풀이책을 보고 꿈의 의미를 이해했어요. 호랑이나 뱀이 꿈에 나오면 미래에 좋은 일이 있을 것이라고 생각했답니다.

드림캐처는 오래전 아메리카 원주민 오지브웨 사람들이 처음 만들었어요. 침대 머리맡에 걸어 두면 나쁜 꿈은 거르고 좋은 꿈만 사람들에게 내려 준다고 믿었답니다. 드림캐처에 걸린 나쁜 꿈은 아침 햇살에 사라져 버리죠.

전극

뇌파 표시 장치

과학자들은 '뇌파계'라는 기계를 이용해서 꿈을 잘 이해하려고 해요. 뇌파계는 꿈꾸는 동안에 뇌에서 일어나는 전파를 측정해서 보여 주는 기계를 말합니다. 언젠가는 누군가의 꿈을 읽는 기계가 발명될 수도 있을 거예요.

꿀잠 자는 법

어린이는 어른들보다 더 많이 자는 것이 좋아요. 어린이의 몸이 잘 자라고 두뇌가 발달하기 위해서는 충분한 잠이 필요하기 때문이에요. 여러분은 충분한 잠을 자기 위해서 알맞은 시간에 잠자리에 드나요? 나이에 따라서 얼마나 잠을 자면 좋은지 과학자들이 추천하는 시간을 알아보아요.

0~12개월 아기 : 최대 17시간
1~2세 아기 : 11~14시간
3~5세 어린이 : 10~13시간
6~13세 어린이 : 9~11시간
14~17세 청소년 : 8~10시간
어른 : 7~9시간

밤에 잠을 잘 자기 위해 좋은 방법들이 있어요. 낮에 충분히 운동하는 것도 도움이 됩니다. 초콜릿 과자에는 잠이 잘 안 오게 하는 카페인이 들어 있어 잠자리에 들기 전에는 먹지 않는 것이 좋아요. 잠자리에 들기 전에 편안하게 푹 쉬는 것도 좋은 방법이에요.

잠자리에 들기 전에는 전자 제품을 멀리하는 것이 좋아요. 특히 스마트폰 화면의 푸른빛은 뇌를 속여서 낮이라고 생각하게 만들어 잠을 자기 어렵게 해요.

따뜻한 물로 하는 목욕은 잠이 잘 오도록 도와줍니다. 이상하지요? 따뜻한 물이 온몸의 피돌기를 도와서 몸의 온도를 조금 낮추어 주는데, 그러면 잠이 잘 온다고 해요.

책을 읽는 것도 몸과 마음의 긴장을 푸는 아주 좋은 방법이에요. 특히 지금 여러분이 읽고 있는 이 책이 딱이에요!

퍼즐 맞추기도 마음을 진정시키는 데 아주 좋아요.

매일 밤 같은 시간에 잠자리에 드는 것도 도움이 됩니다.

자장가를 들으면 마음이 편안해지고 쉽게 잠들 수 있어요.

긴장을 풀고 잠이 잘 오도록 도와주는 다른 것들은 또 무엇이 있을까요? 양 세기? 오랫동안 잠이 안 올 때 머릿속에서 양을 세는 것이 도움이 된다고 여겨져 왔지만, 사실은 그렇지 않다고 과학자들이 밝혀냈어요. 바닷가나 숲속에서 산책을 하는 상상이 더 도움이 된다고 해요. 여러분은 어디에서 상상의 산책을 하고 싶어요?

잠꾸러기 챔피언들!

여러분이 학교에서 가장 잘하는 것은 무엇이에요? 달리기? 시끄럽게 떠들기? 힘이 가장 세거나, 가장 긴 머리카락을 가졌을 수도 있어요. 멋져요! 우리나라에서 가장 잘한다면, 아니 전 세계에서 최고로 잘한다면 더 멋지겠지요? 그러면 《기네스 세계 기록》에 이름이 올라갈 거예요.

《기네스 세계 기록》은 어떤 분야에서 최고의 기록을 가진 사람이나 사물을 수록한 책이에요. 가장 키가 큰 사람, 가장 빠른 새, 달걀이 가장 멀리 날아간 거리 같은 기록들이 실려 있어요. 최고의 기록을 세우려면 많은 시간을 들여서 힘들게 연습을 해야 해요. 그런데 잠만 자고 세운 기록이 있어요.

2014년 9월 27일, 영국 체셔에서 걸스카우트 같은 모임인 브라우니 소속 어린이 2004명이 모여 재잘거리면서 세상에서 가장 큰 잠자리를 만들었어요. 체스터 동물원의 거대한 천막이 바로 그 잠자리였죠. 영국 켄트의 브라우니 어린이 1626명이 세운 세계 기록을 깨고 새로운 세계 기록을 세우기 위해서는 모두 함께 최소한 5시간 이상 잠을 자야 했어요. 긴장감이 흘렀습니다. 《기네스 세계 기록》에서 온 감독관들은 어린이들이 규칙을 잘 지키는지 확인했어요. 다음 날 아침 7시, 감독관은 일곱 살에서 열 살까지인 이 어린이들이 새로운 세계 기록의 주인공이라고 발표했어요!

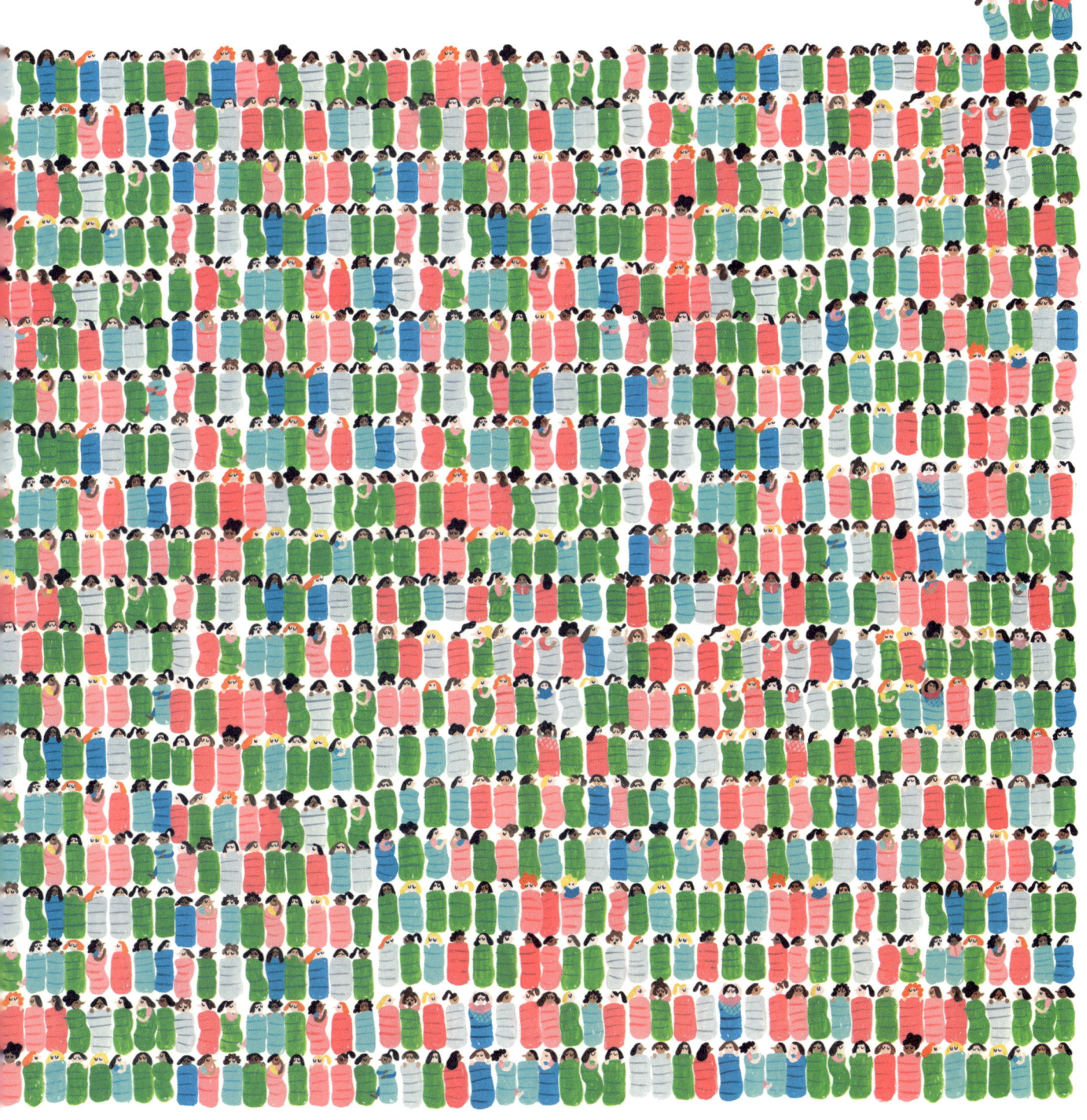

선잠을 잔 적 있지요? 아마도 그럴 거예요. 고양이처럼 낮에 깜빡깜빡 조는 걸 선잠이라고 해요. 고양이는 하루에 15시간이나 잡니다. 정말 게으르죠? 하지만 최고의 잠꾸러기 작은갈색박쥐와는 비교도 할 수 없어요.

쉿! 이러다 깨겠어요!

작은갈색박쥐가 깨어 있을 때는 정말 많이 먹어요. 한 시간에 모기를 1000마리 이상이나 잡아먹거든요.

도로롱 도로롱

가장 잘 자는 젖먹이 동물

이 작은 젖먹이 동물(포유류)은 북아메리카 대륙의 동굴과 숲에서 살아요. 작은갈색박쥐라고 부르는 까닭은 정말 작기 때문이에요. 몸길이는 6~10센티미터이고 몸무게는 5~14그램 정도예요. 이렇게 작은 생명체가 세상에서 가장 긴 선잠을 잔답니다. 하루에 거의 20시간 동안이나 꿈나라에 머무르거든요.

가장 잠을 조금 자는 젖먹이 동물은, 코가 손이래, 아니 아니, 아프리카 코끼리입니다!
 2016년 과학자들은 남아프리카에서 야생 코끼리 2마리를 관찰하면서 어떻게 이 거대한 생명체가 잠을 자는지 연구했습니다. 과학자들은 코끼리들이 하루에 단 2시간 정도만 잠을 잔다는 것을 알아내었어요! 코끼리가 어떻게 잠을 안 자고도 건강을 유지할 수 있는지는 여전히 밝혀지지 않았다고 해요.

가장
조금 자는
젖먹이 동물

1961년 8월 6일 러시아의 게르만 티토프는 좀처럼 잠을 잘 수 없었어요. 멀미가 아주 심했거든요. 하긴 놀랄 만한 일도 아니었어요. 티토프 아저씨는 우주선 보스토크 2호를 타고 지구를 돌고 있었답니다!

처음으로 우주에서 잠을 잔 사람

　속이 메스꺼워서 고생하던 러시아의 우주인 아저씨는 우주의 무중력 상태에서 제멋대로 움직이는 팔 때문에 더 잠들기가 어려웠어요. 허우적거리는 팔다리를 고정 벨트로 단단히 고정한 다음에야 비로소 제대로 잠을 잘 수 있었답니다.
　임무를 마쳤을 때, 티토프 아저씨는 여러 가지 세계 기록을 세웠어요. 최초로 지구 궤도를 17번이나 돌았고, 최초로 우주 공간에서 하루를 보내면서 잠을 잔 사람이었어요. 게다가 최초로 우주에서 구토를 한 사람이기도 해요. 웩!

코골이에 대한 공식 세계 기록도 있답니다. 가장 시끄럽게 코를 곤 사람으로 1993년 세계 기록을 세운 사람은 스웨덴의 카레 발케르트에요. 코 고는 소리가 무려 93데시벨로 측정되었는데, 잔디 깎는 기계 소리만큼 시끄러운 소리였어요.

2009년 영국의 한 여성이 그 기록을 깼어요. 111.6데시벨을 기록했는데, 이 정도면 낮게 나는 제트기보다 더 시끄러운 소리라고 해요. 당분간 누구도 깨지 못할 이 엄청난 기록을 세운 사람은 영국의 제니 챔프먼 할머니예요. 제니 할머니는 아마 아주 오랫동안 코골이 챔피언으로 기억될 거예요.

데시벨은 소음을 측정하는 단위예요. 낮은 숫자일수록 조용해요. 10데시벨은 바스락거리는 나뭇잎 소리 정도이고, 110데시벨은 귀를 찢을 듯한 전기톱 소리만큼 시끄러운 소리지요.

가장 시끄럽게 코를 고는 영국인

제니 할머니의 남편은 같은 방에서 잘 때마다 동물원에서 자는 것 같았다고 말했어요. 할아버지는 할머니의 코골이를 이렇게 설명했어요.

"으르렁거리는 사자가 있는 것 같기도 하고, 코로 나팔을 부는 코끼리가 있는 것 같기도 해요. 가끔 오랑우탄이 울부짖는 듯한 소리를 내기도 한답니다."

여러분 중 누군가 할아버지를 위해 세계에서 가장 강력한 귀마개를 발명해 줄 수 있지 않을까요?

침대의 세계 기록

세계에서 가장 큰 침대에서 자 보고 싶지 않나요? 세계에서 가장 넓은 조각 이불을 덮고 싶어 할 수도 있겠군요. 보석으로 뒤덮인 눈부신 침대에서 동굴 안의 풀잎 매트리스까지, 침대의 세계 기록을 알아볼까요?

여러분의 침대는 얼마나 편안해요? 아마 따뜻하고 보송보송한 이불이나 푹신푹신한 매트리스에 누워 잠이 들 거예요. 그럼 요즘 같은 침대가 없었던 수천 년 전 어둡고 축축한 동굴에서는 어떻게 잠을 잤을까요?

남아프리카 공화국 콰줄루나탈이라는 곳에 있는 동굴에 그 답이 있답니다. 과학자들이 이곳에서 세계에서 가장 오래된 침대를 찾아냈어요. 흠, 그건 사실 침대라기보다 매트리스에 가까웠어요. 풀과 잎이 많은 나무들을 촘촘히 다지면서 쌓아서 안락하고 푹신푹신하게 만들었거든요. 그 위에 어떤 지혜로운 사람이 해충을 쫓는 나무의 잎을 덮었어요. 아마 밤에 잠자리에서 이나 모기가 성가시게 하는 것을 막기 위해서였을 거예요.

7만 7000년이나 묵은 이 매트리스를 살펴본 과학자들은 이 매트리스가 여러 층으로 겹겹이 쌓여서 이루어졌다는 것에 놀랐어요. 잠자리가 항상 신선하고 푹신푹신할 수 있도록 규칙적으로 풀이나 나뭇잎을 새로 올려서 잘 관리했다는 것을 뜻하니까요.

세계에서 가장 오래된 매트리스

　과학자들은 당시 사람들이 매트리스가 너무 더러워지면 지저분한 재료들을 모두 태워 없앤 다음에 그 자리에 새로 만들었다는 것도 알아냈어요.
　풀과 나뭇잎으로 만든 매트리스는 온 가족이 함께 잠을 잘 수 있을 만큼 컸답니다. 잠을 자고 나서는 아침 식사도 매트리스 위에서 함께 먹었던 것 같아요. 과학자들이 매트리스 사이에서 돌로 만든 도구와 작은 뼛조각도 찾아냈거든요.

쿨 쿨

기둥 침대는 침대의 네 모서리에 기둥이 있는 침대를 말해요. 큰 기둥이 받치고 있는 지붕에는 커튼이 달렸어요. 밤에 커튼을 닫으면 작은 방처럼 안락한 느낌이 들지요. 요즘에는 쓰는 사람들이 거의 없고, 옛날에도 서양의 귀족처럼 아주 잘 사는 사람들만 기둥 침대를 썼다고 해요. 만약 여러분이 옛날 서양의 귀족이었다면 커튼이 달린 침대가 정말 마음에 들었을 거예요. 사생활을 지켜 주기도 하고, 쌀쌀한 공기가 침대로 들어오는 것도 막을 수 있었을 테니까요. 얼마나 아늑했을까요!

세계에서 가장 넓은 기둥 침대

이 침대에서 정육점 주인 부부 12쌍이 동시에 잤다는 이야기도 있어요.

영국 런던의 빅토리아 앨버트 박물관에는 가장 크고 오래되었다고 알려진 기둥 침대가 전시되어 있어요. '웨어 마을의 거대한 침대'라는 이름의 이 침대는 어른 8명이 잘 수 있을 만큼 크다고 합니다. 도대체 누가 이렇게 큰 침대를 만들었을까요? 1590년대 영국 런던 북쪽 하트포드셔의 웨어 마을 여관 주인들은 런던 사람들이 마을로 여행을 오게 하고 싶었어요. 그래서 마을 목수한테 관광 명소가 될 만한 거대한 침대를 만들어 달라고 했고, 몇몇 여관에서 돌아가면서 활용했답니다.

이 침대는 날로 유명해졌고, 셰익스피어의 희곡 〈십이야〉에도 등장했답니다.

꿀잠을 아주 오오오오래 자고 싶나요? 세상에서 가장 큰 침대에서 잠을 자는 건 어때요?
네덜란드의 헤르트메에서 성 그레고리오 여름 축제를 위해 만든 침대는 거의 농구장 넓이만큼 크다고
합니다.

세계에서 가장 큰 침대

세계에서
가장 큰
조각 이불

　세계에서 가장 큰 침대를 덮으려면 아마 세계에서 가장 큰 조각 이불이 필요하겠죠? 2000년 포르투갈에서 만든 이 이불을 '만타 다 쿨투라'라고 하는데 '문화를 위한 조각보'라는 뜻이라고 해요. 이 엄청난 조각 이불은 축구장 3개를 덮을 수 있답니다!

영국 글로스터셔에 사는 개 2마리는 무척 호화스러운 집에 사는 것으로 유명해요. 그레이트데인 종 개 2마리를 키우는 어떤 사람이 2008년 아주 멋진 개집을 지으려고 4억 원을 들였답니다. 이 개집에는 온도 조절 기능이 있는 침대와 푹신한 양가죽 덮개가 있는 침실 2개가 있어요. 그뿐 아니에요. 화면이 엄청 커다란 텔레비전이 있는 거실, 마음껏 뛰어놀 수 있는 놀이터, 뽀글뽀글 공기 방울 마사지를 할 수 있는 반려견 전용 스파 욕조도 있다고 해요.

가장 비싼 개집

아마도 세계에서 가장 비싸고 화려한 침대는 다이아몬드처럼 빛나는 스와로브스키 수정 80만 2903개로 덮여 있는 침대일 거예요. 이 침대는 프랑스의 침실 전문 회사에서 몇 개밖에 만들지 않은 한정판인데, 2009년에 중국에서 처음 전시되었다고 합니다. 이 값비싼 꿈의 침대에서 자고 싶다면, 무려 4억 4000만 원이 넘는 금액을 지불해야 해요.

세계에서 가장 비싼 침대

상상해 보아요. 우리가 만일 세계 기록을 세운 침대 전시회에 가 있다면, 어느 침대에서 잠을 자고 싶어요? 우리는 아마 어느 침대에 눕더라도 폭 파묻혀서 멋진 꿈을 꿀 수 있을 거예요. 그리고 가장 긴 잠의 세계 기록을 세우게 될 거예요.

파라오의 침대

고대 이집트의 왕을 '파라오'라고 해요. 사람들은 파라오를 지구에 내려온 신이라고 생각했어요. 파라오 가운데 투탕카멘이라는 왕이 있었어요. 3300년 전 겨우 아홉 살에 왕이 되었다가 10년 뒤에 죽은 왕이에요. 고대 이집트 사람들은 누군가가 죽으면 다른 세계로 가서 사후의 삶을 살아간다고 믿었답니다. 그래서 사후 세계로 떠나는 여행을 위해 필요한 물건들도 챙겨야 한다고 생각했어요.

투탕카멘은 파라오였기 때문에 죽어서도 특별한 대우를 받았어요. 온몸이 천으로 싸인 채 미라가 되었지요. 얼굴에는 장례 가면을 씌웠어요. 이 가면은 황금으로 만들었고 무게는 10킬로그램이 넘었답니다. 장례 가면을 쓴 투탕카멘의 미라를 순금 관 안에 넣었고, 순금 관은 금박을 씌우고 장식을 한 나무 관에 넣었어요. 그 관은 금박을 씌운 더 큰 관에 넣었어요. 마지막으로 이 관을 돌로 만든 큰 관에 넣고 돌로 만든 뚜껑을 덮었어요. 이렇게 해서 투탕카멘은 무덤에 자리를 잡았어요.

투탕카멘의 몸과 함께 사후 세계에서 필요한 많은 물건들도 무덤에 묻혀 있었어요. 전차, 보드게임, 단검, 악기, 그리고 멋진 침대까지 5000개가 넘는 물건들이 있었다고 해요.

투탕카멘의 무덤에서 발견된 침대는 모두 서로 다른 아름다운 조각으로 꾸며져 있었어요.

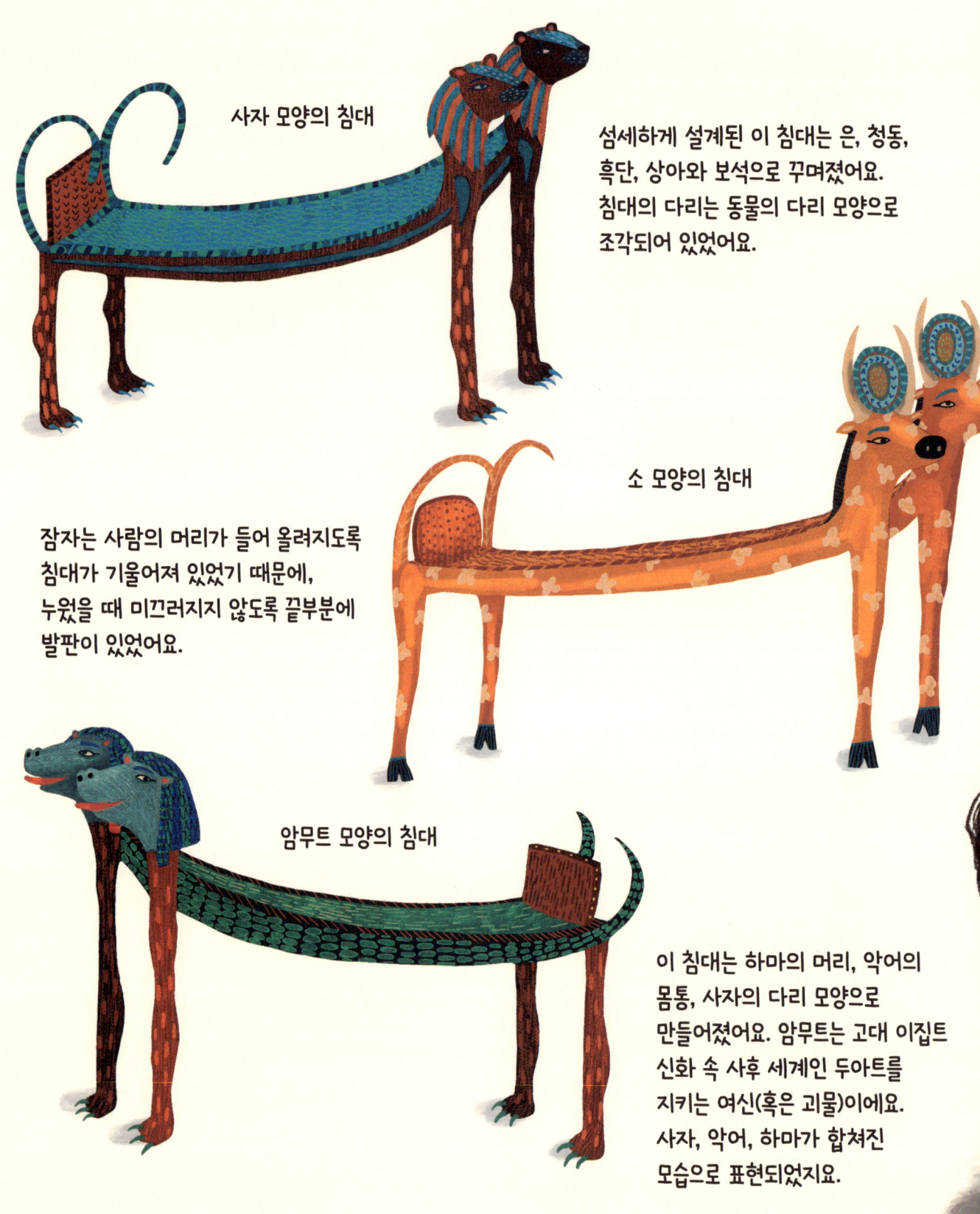

사자 모양의 침대

섬세하게 설계된 이 침대는 은, 청동, 흑단, 상아와 보석으로 꾸며졌어요. 침대의 다리는 동물의 다리 모양으로 조각되어 있었어요.

잠자는 사람의 머리가 들어 올려지도록 침대가 기울어져 있었기 때문에, 누웠을 때 미끄러지지 않도록 끝부분에 발판이 있었어요.

소 모양의 침대

암무트 모양의 침대

이 침대는 하마의 머리, 악어의 몸통, 사자의 다리 모양으로 만들어졌어요. 암무트는 고대 이집트 신화 속 사후 세계인 두아트를 지키는 여신(혹은 괴물)이에요. 사자, 악어, 하마가 합쳐진 모습으로 표현되었지요.

상아로 된 머리 받침은 고대 이집트 신화에서 공기와 바람, 빛의 신 슈를 나타내요. 슈는 졸고 있는 사자 2마리를 거느리고 있어요.

투탕카멘의 무덤에서 특별한 머리 받침 4개가 발견되었어요. 상아와 금, 유리로 만들어진 것이었죠. 머리가 배기지 않게 천으로 만든 푹신한 받침을 올려놓았어요. 머리 받침은 잠자는 사람의 목과 머리로 바람이 통해서 시원하게 잘 수 있도록 해 주었어요. 잠자는 사람의 멋진 머리 모양이 흐트러지지 않게 해 주기도 했고, 이상한 벌레들이 얼굴에 기어오르지 못하게 막아 주기도 했어요.

투탕카멘의 무덤에서 발견된 침대 중 하나는 최초의 3단 접이식 야영 침대라고 알려져 있어요. 접으면 알파벳 Z자처럼 보였지요. 투탕카멘을 위해서 특별히 만들어진 이 침대는 무덤에서 발견된 하나밖에 없는 야영 침대랍니다.

이 침대는 야영 침대였지만 우아하고, 편안하며, 튼튼했어요. 침대의 다리는 사자의 발 모양이었어요. 고대 이집트 사람들은 자거나 앉거나 할 때 힘이 센 사자가 그들을 받쳐 주는 모양을 참 좋아했어요. 그래서 이집트 가구에는 사자 모양의 다리가 많아요.

이 야영 침대는 투탕카멘이 사냥이나 야영을 갔을 때 썼을 거예요. 야영 침대를 처음 만들었을 때에는 반만 접었을 텐데, 이 침대는 한 번 더 접을 수 있어서 하인들이 운반하기에 더 쉬웠을 거예요. 그래도 여전히 무거워 보이긴 하지만요.

투탕카멘이 야영 침대를 가지고 다닌 데에는 또 다른 이유가 있었을 거예요. 왕국을 여행할 때마다 투탕카멘은 좋은 침대에서 자야 했는데, 고대 이집트의 보통 사람들은 거의 침대를 쓰지 않았거든요. 아마도 짚으로 만든 매트리스나 종려나무 잎사귀 위에서 잠이 들었을 거예요. 어느 쪽이든 파라오의 마음에 들 수는 없었겠지요!

세계의 잠자리

후돈

후돈은 전통적인 일본식 이부자리를 말해요. '후돈'은 바닥에 까는 요와 덮고 자는 이불을 함께 부르는 이름이에요. 아침에는 잘 개어서 장 위에 올려놓을 수 있어요. 공간이 넉넉하지 않을 때 참 편리하답니다. 전통적인 일본식 방바닥은 다다미로 되어 있는데, 후돈을 다다미 위에 깔기도 해요. 다다미는 볏짚을 두툼하게 넣고 돗자리로 덮은 것인데, 편안하고 폭신해요.

샤르포이

샤르포이는 '4피트'라는 뜻에서 유래한 인도의 전통적인 침대를 말해요. 대개 망고나무로 틀을 짜고, 바닥 자리는 무명실이나 코코넛 섬유, 마른 나뭇잎을 손으로 엮어서 만들어요. 그물처럼 느슨하게 엮기 때문에 침대 자리 위아래로 바람이 잘 통해 시원해서 인도처럼 더운 나라에서는 아주 편안한 잠자리예요. 1피트는 30.48센티미터예요.

아프리카, 아시아, 중앙아메리카와 남아메리카 대륙의 어떤 곳에서는 모기를 막기 위해서 그물로 된 모기장을 써요. 모기는 아주 성가시기도 하지만 질병도 퍼뜨리거든요. 침대에 모기장을 걸고, 그 안에 쏙 들어가는 것보다 모기에 물리지 않는 더 좋은 방법이 있을까요? 이 침대 정말 멋지지 않아요?

한 스코틀랜드 의사가 1833년에 환자를 위해 처음으로 물침대를 발명했어요. 그 물침대는 따뜻한 물로 가득 채운 커다란 비닐 방석과 거의 비슷해서 무척 출렁거렸다고 해요. 사람이 조금만 움직여도 침대 속에서 파도가 치는 것 같았답니다. 나중에 만들어진 물침대들은 물이나 공기가 들어간 작은 주머니를 많이 만들어 넣었기 때문에 훨씬 덜 출렁거렸어요.

공중에서 자고 있다고 상상해 보아요! 인도네시아의 파푸아라는 지방에 사는 코로와이족은 모기가 떼지어 사는 축축한 땅을 피해서 높은 나무 위에 지은 집에 살고 있답니다. 나무 위의 집에는 방이 몇 개 있어서 여자와 남자는 따로 잠을 자요. 방마다 잠자리 근처에 모닥불을 피워 놓아요. 나무 위의 집에서는 불이 좀 위험할 수 있지만, 아래쪽이 뚫려 있는 곳에 불을 피우기 때문에 위험해 보일 때에는 바닥으로 툭 떨어뜨려 버린다고 해요. 코로와이족은 나무 바닥 위에 깔아 놓은 얇은 나무껍질을 잠자리로 삼아요.

나무 위의 집

이런 침대는 어떤 것 같아요? 신랑 신부가 결혼할 때 선물로 주는 중국 전통의 신혼 침대예요. 신혼 침대는 행복한 신랑 신부에게 많은 행운이 오도록 기원하는 상징을 담아 화려하게 조각되어 있었지요. 아직 이런 전통적인 침대가 남아 있긴 하지만, 지금의 신혼 침대는 훨씬 소박해졌다고 해요.

중국의 신혼 침대

남아프리카 공화국의 줄루족은 전통적으로 '인들루'라는 큰 호빵 모양의 오두막에서 잠을 잤어요. 오두막 바닥에는 갈대로 만든 얇은 돗자리를 깔고 동물 가죽으로 만든 이불을 덮었답니다.

얼음으로 만든 집에서 자면 무척 춥겠지요? 하지만 이글루 안은 놀랍도록 따뜻하답니다. 이글루는 북극에 가까운 아주 추운 지역에 사는 이누이트족이 사냥 여행을 갈 때 임시로 머무르는 집이에요. 눈 벽돌을 만들어 벽을 올리고 둥글게 지붕을 덮죠. 안으로 들어가면 가운데에 불을 지필 수 있어요. 이누이트족은 공기가 가장 따뜻한 높은 쪽에서 잠을 자요. 나뭇가지로 침대를 만들고 누워 두꺼운 동물 털가죽을 이불로 덮고 눈을 붙인답니다.

세상에는 놀랄 만큼 다양한 침대들이 있어요! 여러분이 가서 자 보고 싶은 나라는 어디예요?

아늑하고 따뜻해요!

중국의 북쪽 지방은 겨울이 길고 무척 추워요. 다행히, 2500년 전에 어떤 천재가 '캉(炕)'이라고 부르는 화덕 침대를 생각해 냈어요. 음식을 만드는 아궁이의 위나 옆에 벽돌로 침대를 만든 거예요. 불을 피우면 뜨거운 공기가 침대 바닥을 데워서 따뜻해져요. 캉은 너무 편리해서 오늘날까지도 사용되고 있답니다. 우리나라의 온돌과 원리는 비슷하지만, 온돌은 방바닥 전체를 따뜻하게 한다는 점에서 차이가 있어요.

'캉'이라는 이름은 원래 '마르다'라는 뜻에서 나왔어요. 그래서 축축한 습기도 확실히 없애 주어요. 음식을 만들면서 집 전체를 따뜻하게 할 수 있지요. 캉의 일부인 침대는 탁자로 쓰기도 하고 의자처럼 걸터앉기도 해요. 잠자리를 만들어 누우면 무척 따뜻하지요. 캉이 있는 방은 추운 겨울날 하루 종일 온 가족이 함께 지내기에 아주 좋아요. 모두 모여 이야기를 나누고, 노래를 부르거나 놀이를 해요. 때로 결혼식도 이곳에서 하지요. 그럼 캉의 작동 원리를 알아볼까요?

화덕에 불을 붙여요. 나무, 풀, 석탄, 볏짚, 옥수숫대를 연료로 써요.

화덕에 가까운 쪽이 더 따뜻하기 때문에 가족 가운데 나이가 많은 분들이 이곳에서 주무셔요.

요리 시간이에요! 화덕에서 음식을 요리하고 찻물을 끓여요.

화덕의 열이 침대 아래로 이어진 관을 통해 전달됩니다.

미로같이 구불구불 깔린 관을 통해 전달된 열이 침대 바닥을 데워서 따뜻해져요!

연기는 굴뚝을 통해서 바깥으로 날아가요.

벽돌 위에는 진흙을 발라 마감을 했어요. 진흙 바닥은 너무 뜨거워서 잠을 잘 수 없기 때문에 돗자리를 덮는답니다. 돗자리 위에는 누비 담요와 침대보를 덮어요.

여기는 온 가족이 함께 지내는 공간이에요. 누구라도 코를 골지 않기를!

탁자를 침대 위에 놓기도 해요. 차를 마시거나 음식을 먹을 때 좋아요.

한국이나 일본의 전통 이불과 비슷한 전통적인 이부자리는 잠을 잘 때만 깔아요. 낮에는 개어 놓아서 가족들이 다른 활동을 할 수 있어요.

침대 아래쪽에는 서랍을 만들기도 했어요. 젖은 장화를 말릴 때 쓰기도 해요.

이 공간은 벽돌로 만들어졌어요. 데우는 데 오랜 시간이 걸리지만, 식는 데에도 오랜 시간이 걸리기 때문에 불이 꺼져도 벽돌은 밤새도록 식지 않아요.

우주에서 잠들기

우주에서 자면 어떤 기분이 들지 상상해 보아요. 정말 낯설고 이상하겠지요? 집에서 아주 멀리 떨어진 곳이니까요. 그리고 이곳에는 우리를 땅에 붙여 주는 중력도 없어요.

이곳은 바로 90분마다 한 번씩 지구 주위를 도는 국제 우주 정거장이에요. 이 거대한 우주선은 땅에서 400킬로미터 높이에 있고, 한 시간에 약 2만 7000킬로미터의 속도로 날고 있답니다. 지금도요!

우주선 뒤편에는 유럽 과학 실험실이 있어요.

이 우주선을 통해 우주인이 지구를 오고 갑니다. 지구에서 올 때에는 약 6시간이 걸리지만, 지구로 갈 때에는 약 3시간밖에 걸리지 않아요!

우주인의 식당

이 침실은 한 번에 4명이 사용할 수 있어요.

미국 과학 실험실

둥근 관측 돔에는 창이 7개나 있어요. 우주인은 이 창으로 지구를 볼 수도 있답니다.

국제 우주 정거장에서 우주인이 일하고 생활하며 잠을 잘 수 있도록 열다섯 나라가 힘을 모았어요. 국제 우주 정거장은 잘 보면 망원경을 사용하지 않아도 볼 수 있어요. 밤하늘을 빠르게 가로지르는 반짝이는 불빛이 바로 그거예요!

국제 우주 정거장은 모듈이라고 부르는 부분들로 구성되는데, 모두 함께 연결되어 있어요. 우주인 6명이 그 안에서 생활해요. 침실, 과학 실험실, 심지어 체력 단련실도 있답니다. 우주인 1명이 거의 1년 동안 지낸 적이 있기는 하지만, 우주인들은 보통 6개월 정도 머무른다고 해요.

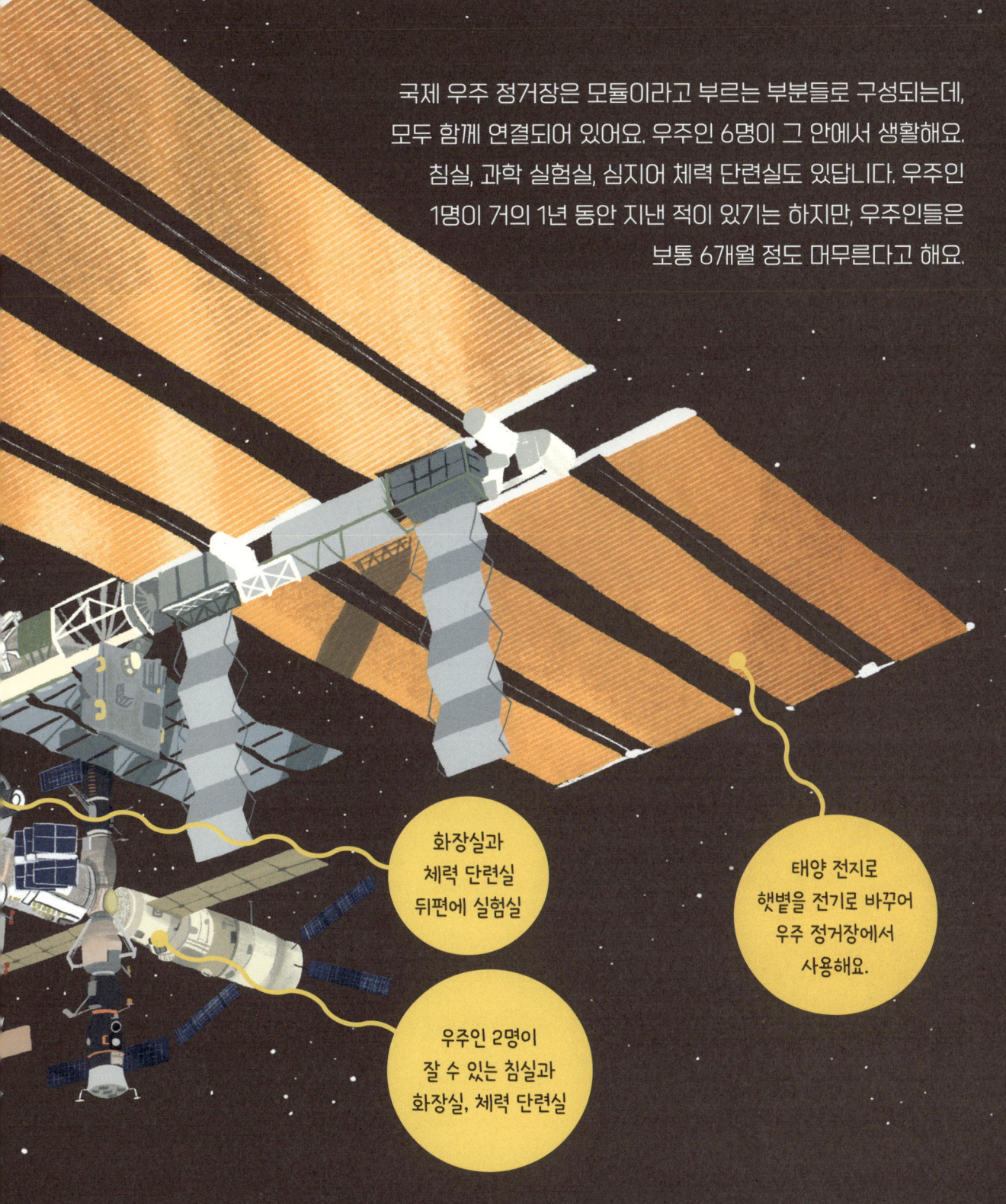

화장실과 체력 단련실 뒤편에 실험실

태양 전지로 햇볕을 전기로 바꾸어 우주 정거장에서 사용해요.

우주인 2명이 잘 수 있는 침실과 화장실, 체력 단련실

우주인들은 항상 바쁘게 일해요. 우주 정거장을 깔끔하게 유지하고, 제대로 작동하도록 해야 하거든요. 가끔 우주복을 입고 우주 공간으로 나가기도 해요. 과학 실험도 많이 하지요. 우주에서 하는 과학 연구는 우리가 살아가는 데 많은 도움이 된답니다. 그리고 하루 일을 마친 우주인들은 잠을 푹 자야 해요.

하지만 우주 정거장에서 자는 것은 지구만큼 쉽지는 않아요. 우주 정거장은 지구 주위를 무척 빠른 속도로 돌기 때문에 하루에 16번이나 해가 뜨고 지는 것을 볼 수 있답니다. 그래서 우주인의 뇌는 언제가 잠을 잘 시간인지 알기 어렵다고 해요. 우주 정거장에는 중력이 거의 없기 때문에 우주인을 포함해서 모든 것이 공중에 떠 있어요. 어디가 위인지, 어디가 아래인지도 구분되지 않고, 잠을 자기 위해 누울 수도 없어요. 그래서 빡빡한 시간표에 따라야 하는 우주인들은 매일 같은 시간에 자고 일어나도록 뇌와 몸을 만들어야 해요.

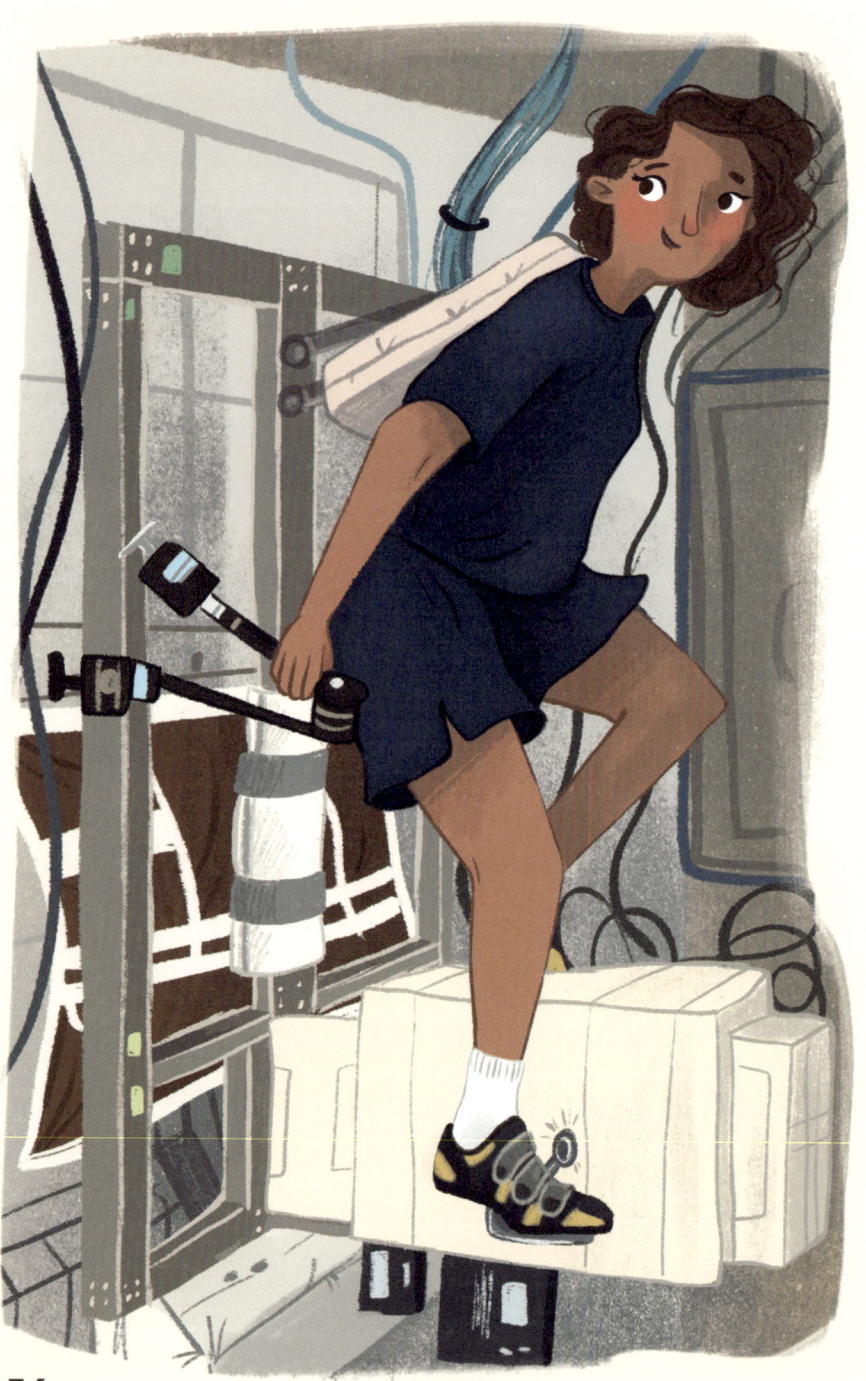

먼저 운동! 항상 공중에 떠 있는 것이 재미는 있겠지만 우주인의 근육과 뼈를 약하게 하기 때문에 하루에 2시간씩 꼭 운동을 해야 해요. 낮에 운동을 하면 밤에 잠이 잘 와요. 우주인들은 몸을 벨트로 묶어서 떠오르지 않게 하고 달리기 운동을 하거나 실내 자전거를 탑니다. 우주 정거장에는 근육 운동을 할 수 있는 근력 운동 기구도 있다고 해요. 물론 음식도 규칙적으로 잘 먹어야 해요. 우주 정거장에는 대개 물기를 줄였거나 완전히 말린 음식이 실려 있어요. 우주인들은 여기에 뜨거운 물을 부어서 먹어요.

우주인들은 어떻게 음식이 공중에 떠오르지 않도록 할까요? 벨크로(찍찍이)를 써요! 벨크로로 그릇과 쟁반을 붙이는 거죠. 쟁반도 벨크로로 식탁에 붙여요. 벨크로는 신발을 바닥에 고정할 때도 쓴답니다.

우리처럼, 우주인도 일을 마치고 잠자리에 들기 전에 휴식 시간이 있어요. 이메일이나 전화로 가족이나 친구와 이야기를 나눕니다. 책을 읽거나 음악을 듣기도 하고, 게임을 할 수도 있어요. 창밖에 펼쳐진, 믿을 수 없을 만큼 놀라운 우주 풍경을 바라보기도 해요.

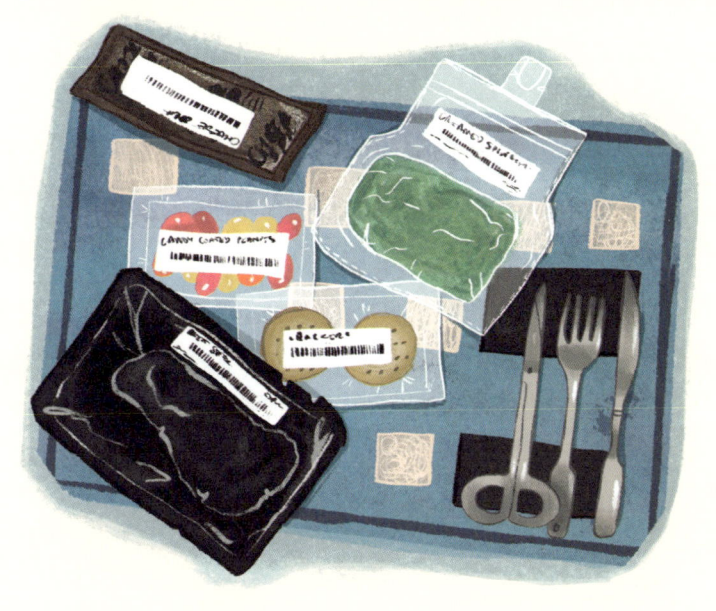

잠자리에 들기 전에 우주인도 화장실에 가고 싶겠지요? 화장실 가는 일도 쉽지 않아요! 모든 것이 공중에 떠오르기 때문이죠. 우주 정거장 안에는 아주 기발하게 만들어진 변기 2개가 있어요. 변기에 앉으면 고정 벨트를 매야 해요. 그러지 않으면 몸이 떠오르니까요. 똥과 오줌은 진공으로 빨아들여요. 우주에서는 우주인의 오줌도 낭비하지 않아요. 오줌을 걸러서 순수한 물을 만들고, 그 물은 씻고 마시는 데 다시 사용한답니다.

우주인마다 수면 캡슐을 하나씩 갖고 있어요. 옷장만 한 크기인데 안에는 푹신한 받침이 있죠. 안에서는 어느 쪽으로 누워도 상관없어요.

우주인은 베개를 쓰지 않아요. 중력이 거의 없어서 베개가 있든 없든 머리가 떠오르기 때문이에요.

침낭은 우주인이 들어가 자는, 커다랗고 푹신한 이불 주머니예요. 침낭은 수면 캡슐 안에 묶어서 고정할 수도 있어요. 근데 어떤 우주인은 묶지 않고 자유롭게 움직이는 것을 더 좋아한대요.

침낭을 묶어 놓더라도, 우주인의 팔은 잠자는 동안 공중에서 마음대로 움직여요. 마치 좀비처럼 보이죠!

　우주인들은 대개 잠옷을 입지 않아요. 밤에도 작업복을 입어요. 이틀에 한 번 작업복 바지를 갈아입고, 열흘마다 작업용 윗옷과 반바지를 갈아입어요. 옷을 보관할 공간이 충분하지 않고, 세탁기가 없어서 옷을 오래 입어야 하기 때문이에요.
　우주에서 자는 일은 지구에서처럼 간단하지는 않지만, 훨씬 더 재미있어 보여요!

흔들흔들 잠들기

해먹에서 잠을 자 본 적 있어요? '해먹'은 그물 침대를 말해요. 해먹보다 더 편한 침대가 있을까요? 아마 없을 거예요! 과학자들은 흔들리는 해먹에 누워 있으면 뇌에 영향을 주어 우리가 더 빨리, 더 깊이 잠들게 된다는 것을 밝혀냈어요.

해먹은 사실 새로운 게 아니랍니다. 전문가들은 수천 년 전 중앙아메리카에 살았던 마야 사람들이 해먹을 처음 만들었다고 생각해요. 마야 사람들은 오늘날에도 여전히 해먹을 만들어요. 나뭇가지로 만든 베틀을 이용하는데 이 그림처럼 생겼어요.

해먹은 놀라운 발명품이었어요. 걸기 쉽고, 안락했죠. 게다가 마야 사람들이 땅에 있는 뱀과 개미한테 물리지 않도록 해 주었답니다.

1590년 무렵, 배에서 일하는 선원들이 해먹을 사용하기 시작했어요. 좁은 공간에서 많은 선원들이 잠을 잘 수 있는 아주 기발한 방법이었죠. 선원들에게도 기쁜 일이 아닐 수 없었어요. 습기가 많고 딱딱한 배의 바닥에서 잠을 자는 것보다 파도를 따라 흔들리는 편이 좋았기 때문이지요.

해먹은 밀림이나 숲을 여행하는 사람들에게도 편리했어요. 잠자리에 들 시간이 되면 사람들은 나무 사이에 해먹을 걸고, 해먹 위에 비를 피할 방수포를 씌운 다음 바로 꿀잠을 잘 수 있었어요!

2014년 9월 이탈리아에서 개최된 국제 줄타기 모임 축제에 참석한 사람들 수백 명은 밧줄에 달린 해먹에서 잠을 잤답니다. 해먹들은 이탈리아 알프스를 가로질러 지상에서 수십 미터에서 100미터가 넘는 높이에 설치된 여러 개의 밧줄에 매달려 있었어요. 하지만 걱정하지 말아요. 모두 해먹에서 떨어질 경우를 대비해서 안전줄을 연결하고 있었으니까요!

혹시 해먹에 올라가려다 바닥으로 굴러 떨어진 적 있나요? 좀 쑥스럽겠지요? 여러분의 엉덩이뿐 아니라 자존심도 지키고 싶으면, 이 간단한 안내를 따라 해 보아요.

1. 해먹의 한쪽 가운데에 서서 반대쪽을 바라보아요.
2. 반대쪽 가장자리를 손으로 잡고 해먹에 올라 앉아요.
3. 엉덩이가 해먹 한가운데에 있는지 확인해요.
4. 다리를 재빨리 휙 돌려서 해먹 위로 올려요.
5. 몸을 움직여서 해먹을 가로질러 대각선으로 누워요. 많은 사람들이 이 자세가 가장 편안하다고 생각한답니다.

마지막으로 해먹을 너무 팽팽하게 매달지는 말아요. 해먹이 정말 편안하려면, 행복하게 웃는 얼굴처럼 어느 정도 느슨한 것이 좋아요.

여행하며 잠자기

기차 침대에서 잠을 자 본 적이 있나요? 여러분이 탄 기차가 도시를 떠나 숲과 들판을 가로질러 달리면, 멀리 스쳐 가는 작은 마을들이 보여요. 해가 지고 별이 뜨면 아늑한 침대에 파묻혀 철길 위 바퀴 소리를 들으면서 잠이 들어요.

　1883년 유명한 오리엔트 특급 열차가 운행을 시작하면서 기차의 잠자리가 더욱 화려해졌어요. 오리엔트 특급 열차는 현재의 터키 이스탄불인 콘스탄티노플에서 프랑스 파리까지 이어지는 호화스러운 열차였답니다.

식당 칸에서 저녁 식사를 하는 동안 열차의 승무원이 소파를 뒤집어 완벽한 침대로 바꿔 놓는답니다. 아쉽게도 오리엔트 특급 열차는 2009년 12월에 운행이 중단되었어요.

침대 열차(야간열차)는 나름의 매력을 가지고 있어요. 비행기보다 지구 환경에 도움이 되기도 하지만, 전 세계에 아주 멋진 침대 열차들이 있기 때문이에요. 일본 열도를 연결하는 시키시마, 러시아의 동쪽에서 서쪽으로 이어진 골든 이글, 스코틀랜드 고원을 관통하는 로열 스코츠맨을 타고 흥미진진한 여행을 떠날 수 있어요.

여행하면서 잠을 잘 수 있는 방법은 기차말고도 많아요. 물 위에서 잠들 수도 있어요. '좁은 배'라는 뜻의 내로우보트는 300여 년 전 영국에서 만들어진 화물 운반용 배였어요. 내로우보트는 시멘트, 치즈, 모래, 설탕과 같은 온갖 화물을 운반하려고 만든 물길에서 다닐 수 있도록 만들어졌어요. 이 좁은 물길을 '운하'라고 하는데, 운하 옆에서 말이 내로우보트를 끌었다고 해요.

옛날에는 말의 힘으로 내로우보트를 끌었지만, 지금은 전기 모터로 움직여요.

요즘에도 화물을 싣는 내로우보트가 남아 있기는 하지만 대부분은 관광객을 싣고 다녀요. 낮에는 운하를 따라 운행하고, 밤에는 운하 옆에 정박하지요. 잠자리에 들었다가 아침에 깨어나면, 물 위에 떠 있는 오리 떼를 창문 너머로 볼 수도 있어요!

바다 밑에서 잠을 자는 건 어떤 기분일까요? 잠수함 생활은 정말 신나는 일이지만 공간이 넓지 않아요. 가끔 60일에서 80일 동안 100명이 넘는 사람들이 좁은 공간에서 함께 지내기도 해요. 바닷속 깊은 곳에 있어서 밤인지 낮인지 알기도 어렵답니다.

 잠수함 승무원은 교대로 일하고 자요. 한 사람이 일하고 있으면 다른 한 사람은 이층 침대로 잠을 자러 가지요. 웅웅거리는 잠수함 엔진 소리를 들으며 잠이 들겠죠.

때로 음악가들은 투어 버스에서 잠을 자요. 도시에서 도시로 버스를 운전하는 전담 기사가 있어서, 도로만 연결되어 있으면 다른 나라의 무대에도 오를 수 있어요. 이탈리아에서 잠자리에 들었던 가수가 스페인에서 잠에서 깨어 다음 공연을 준비할 수도 있답니다.

어떤 투어 버스는 차를 세워 놓고 벽면을 바깥쪽으로 밀어내어 내부 공간을 더 넓게 만들 수도 있어요. 보통 이층 침대에 커튼이 달려 있는데, 정말 유명한 스타 음악가는 개인 침대나 전용 화장실을 써요. 투어 버스 안에는 텔레비전이나 게임기는 물론이고, 녹음 스튜디오나 안무 연습실이 있기도 해요.

우리는 늘 같은 곳에서 잠을 자고 일어나요. 잠을 자는 사이에 여행을 할 수 있다면 얼마나 재미있을까요? 보트, 기차, 잠수함, 투어 버스… 어디에서 잠이 들면 가장 멋진 모험으로 가득한 꿈을 꿀 수 있을 것 같아요?

병원의 분주한 밤

우리가 잠옷을 입고 양치질을 한 다음 잠자리에 들 때면, 아마 다른 사람들도 잠을 자러 갈 시간이라고 생각할 거예요. 하지만 밤이 되면 어떤 사람들은 일하러 갈 준비를 해요. 세상은 쉬는 시간이 없어요. 밤에도 그래요! 불이 나기도 하고, 아기들도 태어나요. 배고픈 사람들도 있어요. 사람들을 태우려고 버스와 택시도 다녀요. 가끔 사고도 발생하죠.

이제 낮이나 밤이나 열려 있는 병원에 갈 시간이에요. 구급차 운전사가 응급실 앞에 차를 세우고 구급차 뒷문을 열면 구급 대원이 뛰어내려요.

구급 대원은 긴급한 처치가 필요한 응급 환자를 돕도록 훈련을 받아요. 구급 대원은 지혈을 하고, 상처에 붕대를 감고, 숨을 편히 쉬도록 돕고, 쇼크 증상을 보일 때 응급 처치를 해요.

구급 대원은 환자를 신중하게 들것에 올려 병원으로 들어가요. 병원에는 야간 근무 담당 간호사와 의사가 대기하고 있어요.

병원에서 의사와 간호사는 환자를 위한 가장 좋은 진료 방법을 결정해요. 환자의 뼈가 부러졌을 때에는 엑스레이를 찍어요. 엑스레이는 몸속을 찍어서 보는 사진을 말합니다. 사진 속에서 단단한 뼈는 흰색으로, 부드러운 살은 연한 회색으로 보이죠.

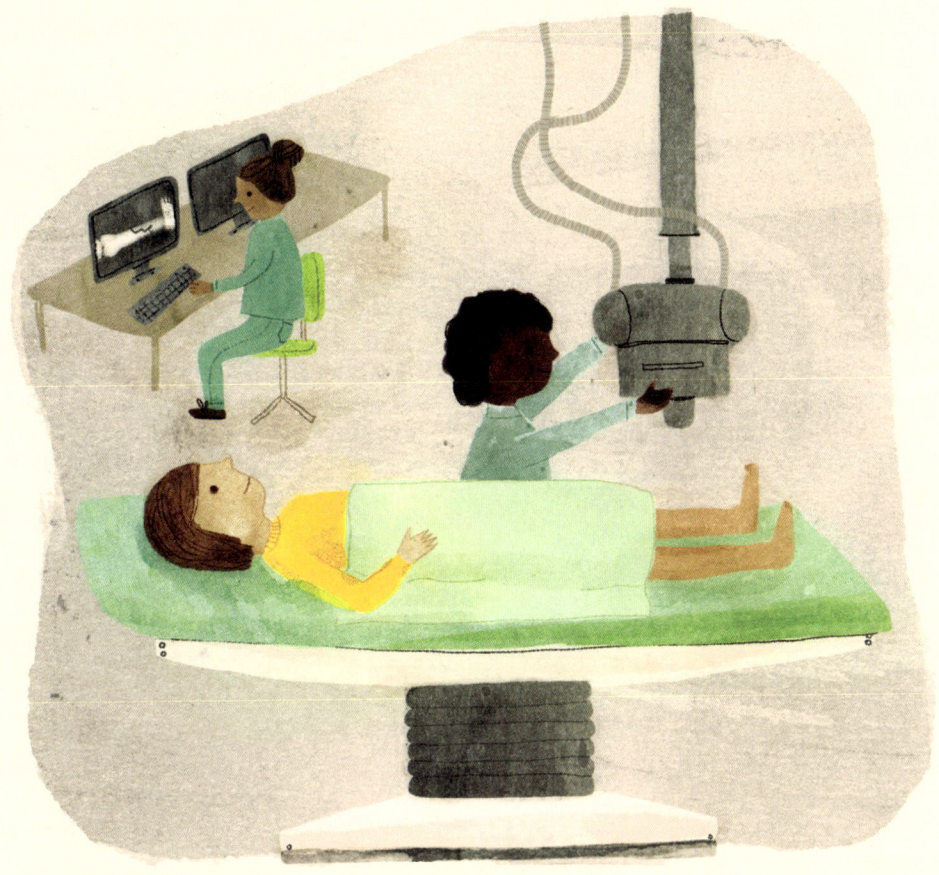

의사는 엑스레이를 확인하고 환자에게 석고 붕대를 할 것인지 아닌지 결정해요. 석고 붕대는 부러진 뼈 주변을 감싸는 젖은 붕대를 말해요. 마르면 단단하게 굳는데, 뼈가 붙는 동안 함부로 움직이지 못하도록 보호해 준답니다.

밤새도록 병원에서는 분주하게 움직이는 소리가 들려요. 병원에는 밤새 불이 환하게 밝혀져 있어요. 깨끗한 복도를 간호사, 의사, 보조원, 그리고 환경을 관리하는 분들이 오가요. 의사는 모든 환자의 상태를 살피고 혹시나 일어날지도 모르는 응급 상황을 대비해요.

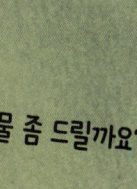

대개 큰 병원에는 산부인과 병동이라는 특별한 공간이 있어요. 엄마가 아기를 낳으러 가는 곳이지요. 아기는 낮에도 밤에도 태어나요. 이곳 직원들은 엄마와 아기를 잘 돌보기 위해 밤낮으로 일해요.

상담실 담당자는 응급 전화를 받고 환자에게 어디로 가야 하는지 알려 주고, 조산사를 불러요. 조산사는 아기가 태어날 때까지 엄마를 잘 돌보도록 훈련한 특별한 간호사를 말해요. 아기가 태어나려면 여러 시간이 걸릴 수도 있어요. 조산사는 엄마의 맥박을 확인하고 체온을 재요. 이제부터는 모두 기다리는 일만 남았어요!

아기가 태어날 때가 가까워지면 의사는 엄마의 배를 만져 봐요. 종종 아기가 뱃속에서 꼼지락거리거든요! 다음엔, 아기의 심장 뛰는 소리를 기계로 확인해요. 이 기계에서는 모니터를 통해 '삐 삐, 삐 삐, 삐 삐' 소리와 함께 아기가 무사히 태어날 준비가 되었는지 볼 수 있답니다.

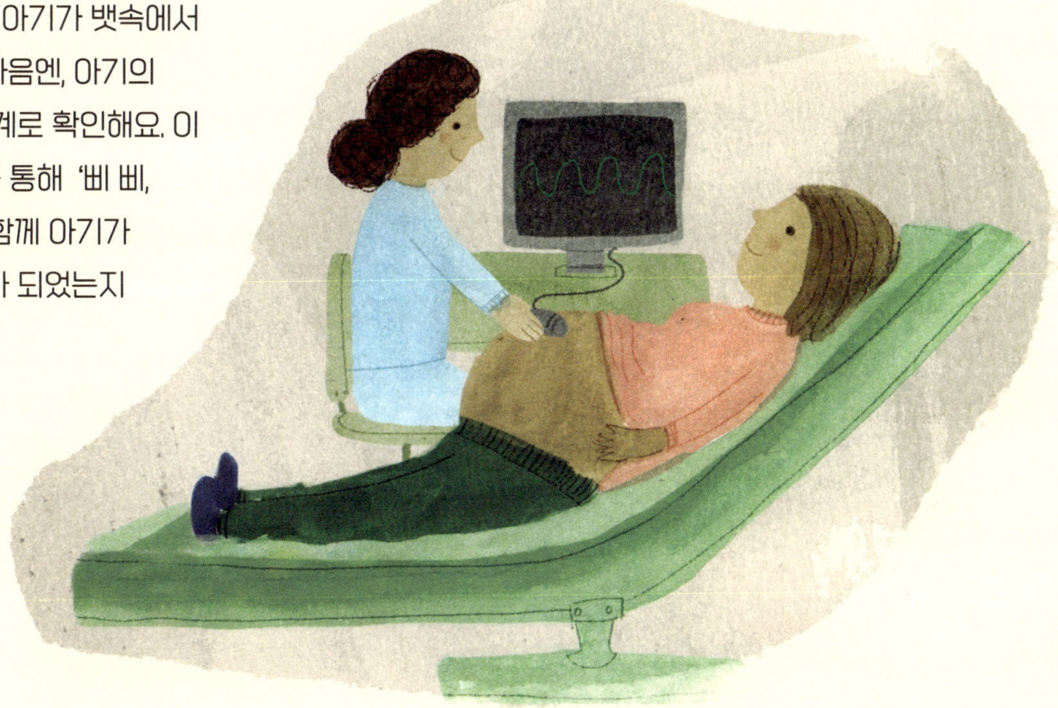

가끔 쌍둥이 또는 세쌍둥이가 태어날 때도 있어요! 조산사는 어린이를 전문으로 돌보는 소아과 의사를 부르죠. 소아과 의사는 아기들의 호흡과 반사 신경을 살펴보고 아기가 건강하게 태어났다는 것을 확인해요. 아기를 낳아 지친 엄마에게 간병인이 차와 간식을 가져다주기도 해요.

차 드세요!

병원은 단 1분도 멈추지 않고 움직여요. 아침이 오면, 가족들이 새로 태어난 아기를 만나러 온답니다!

찾아라, 고쳐라!

우리가 걸어 다니는 땅 속 깊은 곳에는 아주 길고 긴 물의 길이 있어요. 우리가 음식을 만들고 목욕을 하는 데 쓰는 깨끗한 물이 다니는 길이 있고, 설거지를 하고 목욕을 해서 더러워진 물이 다니는 길이 있지요. 깨끗한 물이 다니는 길을 '상수도'라고 하고, 더러운 물이 다니는 길을 '하수도'라고 해요. 약간 고약한 냄새가 나는 하수도는 우리 마을과 도시를 깨끗하게 유지하고 질병으로부터 보호해 주는 놀라운 발명품이랍니다.

배관기술자는 어둠 속에서도 눈에 잘 띄어야 하기 때문에 빛이 반사되는 밝은색의 안전복을 입어요. 안전모와 고무장화도 작업을 위해 꼭 필요하지요.

배관기술자는 땅 위의 맨홀 뚜껑을 열어요. 맨홀 안에는 터널로 내려가는 사다리가 있어요.

배관기술자가 사다리를 타고 조심조심 내려가요. 안전모에 장착된 조명이 어둠을 밝혀 준답니다.

물이 떨어지는 소리가 터널 주변에 울려요.

하수도에는 쥐와 같은 동물들이 살기도 해요. 쥐는 놀라운 수영 선수랍니다. 터널 벽을 타고 오를 수 있는 매우 날카로운 발톱을 가지고 있어요. 단단하고 계속 자라는 이빨로 콘크리트를 갉아 먹기도 해요!

아주 늦은 밤, 하수도는 조용해요. 사람들이 목욕이나 빨래, 설거지를 거의 하지 않으니까요. 하수도에 물이 덜 흐르기 때문에 배관기술자가 땅속으로 내려가 점검하기에 딱 좋은 때입니다. '배관기술자'는 관으로 된 모든 것을 설치하거나 고치는 전문가를 말해요.

땅속에서 물이 흐르는 길은 가늘고 굵은 관으로 시작해요. 여러 관에서 나온 물이 모이는 곳은 터널로 이어져 있어요. 좁은 터널도 있고, 배관기술자가 걸어 다닐 수 있을 만큼 넓은 터널도 있어요. 큰 도시에서는 카메라를 장착한 작은 로봇을 사용하기도 해요. 바퀴가 달린 로봇이 하수도를 따라 달리면, 배관기술자는 로봇이 보내는 영상을 컴퓨터로 보면서 하수도에 물이 잘 흐르는지 살펴볼 수 있어요.

카메라를 장착한 하수도 검사 로봇을 보내서 터널과 벽에 금이 간 데가 있지는 않은지, 물이 새는 곳은 없는지 확인해요.

하수도는 덥고 어두워요. 아주 작고 비좁은 곳도 있죠.

미끄러운 사다리가 10미터, 20미터, 30미터까지 이어져요. 어떤 터널은 깊이가 300미터에 이르기도 합니다!

때로 뱀장어나 게와 같은 동물들이 하수도의 물길을 따라 미끄러져 내려가거나 헤엄쳐 가기도 해요.

땅 위에서도, 깊은 밤을 이용해 길을 고쳐요. 우리가 사는 곳곳은 모두 도로로 이어져 있어요. 큰 도시들은 고속도로가 이어 주고 있죠. 승용차, 승합차, 버스, 트럭들이 곳곳의 도로와 고속도로를 달려요. 그 많은 자동차 바퀴에 도로가 닳거나 파손됩니다.

때로 도로 한가운데가 움푹 파이기도 하고, 싱크홀이라고 하는 아주 큰 구멍이 생기기도 해요. 그런 곳을 고치지 않으면 정말 큰 사고가 나요. 그래서 확실하게 메워야 해요. 도로에 칠해진 선은 시간이 지나면서 희미해지기 때문에 페인트로 다시 선명하게 칠해야 한답니다.

급할 때에는 낮에 공사를 하기도 하지만 대부분 밤에 이루어져요. 밤에는 차가 적게 다니기 때문이에요. 빛을 반사하는 안전복을 입고 조명이 달린 안전모를 쓴 기술자들이 차가 많이 다니는 아침이 되기 전에 도로를 고치려고 밤새도록 일을 해요.

도로에서 좀 떨어진 곳에는 철길이 들판을 가로질러 길게 깔려 있어요. 철길은 기차가 다니는 길이에요. 기차는 여행하는 사람뿐 아니라 시멘트나 석유 같은 온갖 무거운 물건도 싣고, 숲과 들판을 지나고 터널과 다리를 건너면서 먼 길을 빠른 속도로 달리지요.

 기차가 다니는 철길도 매일 살펴보고 수리를 해야 해요. 수리를 할 때에는 기차가 다가오지 못하도록 작업 구간을 막아야 해요. 작업을 시작하기 전에 수리를 하고 있다는 표지판과 깜박이는 조명을 설치해요. 정말 중요한 일이에요. 그런 다음에야 철도기술자들이 작업을 시작할 수 있어요. 오래되고 낡은 레일을 들어 올리고, 튼튼한 새 레일을 그 자리에 내려놓고 단단히 고정해요. 기관사가 언제 멈추고 언제 출발할지 알 수 있는 신호등도 제대로 작동하고 있는지 살펴봐요. 모든 것이 정상적으로 작동할 수 있으면 작업이 끝나요. 아침이 밝아 오고 모든 사람들이 깨어날 때쯤에야 철도기술자들은 차를 한 잔 마시면서 숨을 돌려요. 이제야 잘 수 있어요.

우리가 잠자는 사이에

아침에 일어나 식탁 위에 있는 우유를 보면서, 어디에서 왔는지 궁금했던 적이 있어요?
 물론 슈퍼마켓이나 식료품점에서 사 왔을 테지요. 그럼 우유는 슈퍼마켓에 어떻게 왔을까요? 우유를 밤새 운반한 트럭 운전사들 덕분이지요. 트럭에 실린 우유는 우유 공장에서 출발했을 거예요. 우유 공장에서는 어디에서 우유를 가져왔을까요?

젖소를 기르는 분들은 다른 농부들처럼 아주 일찍 일어나요. 많은 사람들이 아직 자고 있을 새벽 5시 정도에 젖소의 젖을 짠답니다. 젖을 짤 때마다 엄청난 '음매' 소리가 들려요. 젖을 짠 다음에는 젖소들에게 아침밥을 주지요. 지금은 좀 조용해졌군요!

젖소에서 짜낸 우유는 아주 커다란 우유 저장 장치가 있는 트럭에 실어서 우유 공장으로 운반해요. 우유 공장에서는 우유를 살균한 다음에 병이나 종이 팩에 담아요. 맛있는 치즈와 고소한 버터도 우유로 만들어요. 만들어진 우유와 치즈, 버터는 냉장 트럭에 실려서 큰 물류 창고나 슈퍼마켓에 배달되지요.

우유뿐 아니라 많은 식품들이 밤에 운반됩니다. 날이 밝지도 않은 이른 새벽에 트럭이 슈퍼마켓에 도착해요. 여러 곳에서 생산한 신선한 우유, 과일, 채소, 고기 그리고 생선과 같은 식품들이에요.
　슈퍼마켓에서는 배달된 모든 식품을 진열 담당자에게 전달해요. 진열 담당자들은 종류와 가격에 따라 식품을 나누어 놓아요. 채소나 고기, 생선은 특히 냉장이 잘 되는 곳에 진열해요. 거의 모든 사람들이 일어났을 무렵, 슈퍼마켓의 문이 열려요. 우리는 진열대를 가지런히 채우고 있는 신선한 우유와 과일과 생선을 볼 수 있어요!

도시가 아닌 곳에서, 날이 밝기 전에 농부처럼 바쁘게 일하는 사람들이 또 있어요. 물고기를 잡는 어부들은 밤과 낮을 가리지 않고 배에서 일해요. 며칠씩 바다에 나가 있기도 해요. 물고기를 많이 잡은 배는 이른 새벽에 항구로 들어와요. 물고기는 큰 그물로 배에서 들어 올려지고, 오징어나 갈치, 꽃게가 담긴 상자도 부두에 내려집니다. 물고기의 비늘이 반짝거리고, 꽃게의 집게다리는 꼼지락거려요. 갈매기가 머리 위를 돌면서 버려진 작은 물고기를 노려요.

거래가 끝난 물고기는 신선하게 운반하기 위해 얼음과 함께 재빨리 포장되어 차에 실려요. 해산물을 제값에 팔기 위해서는 서둘러서 시장에 도착해야 해요.

해가 뜨기도 훨씬 전에 도시의 도매 시장은 영업을 시작해요. 생선 장수, 청과물 장수, 정육점 주인이 신선한 생선, 과일, 채소, 고기를 사러 도매 시장에 와요. 고급 호텔이나 유명한 식당에서도 그날 음식을 만들 재료를 사러 찾아오지요. 모두들 가장 신선하고 가장 상태가 좋은 식재료를 찾아요.
싱싱한 꽃들도 있어요! 밤새 곳곳의 원예 농장에서 재배한 꽃들이 도매 시장에 도착해요. 꽃집 주인들은 급히 꽃의 상태를 확인해요. 선명한 색깔, 싱싱한 꽃잎, 멋진 향기를 찾아요!

제빵사도 밤에 일해요. 아침 시간에 맞춰 따뜻하고 신선한 빵을 준비하기 위해서지요. 제빵사들은 보통 사람들이 자고 있을 때 일어나요. 제과점에 도착하자마자 하얀 제복으로 갈아 입어요. 위생을 중요하게 여기는 요리사나 제빵사들이 입는 특별한 옷이에요.

빵은 아주 간단한 음식이에요. 밀가루, 물, 소금, 효모만 있으면 되니까요. 때로 우유나 버터, 설탕을 넣기도 하지만, 이 네 가지 재료를 기본으로 모든 모양과 크기의 빵을 만들어요. 제빵사는 이 재료들을 잘 섞어서 부드러운 반죽을 만들어요.

반죽은 숙성이 중요해요. '숙성'은 가장 맛있는 상태가 될 때까지 기다리는 것을 말합니다. 따뜻한 곳에서 반죽이 숙성되면 부풀어 오르기 시작해요. 제빵사는 부풀어 오른 반죽으로 모양을 만들고 오븐에 넣지요. 오븐에서 반죽이 구워지면 구수하고 달큰한 빵 냄새가 제과점 안을 향긋하게 만듭니다. 오븐의 열기는 빵 껍질을 맛있고 바삭하게 만들어 주어요. 사람들이 깨어나고 제과점 문이 열리면 맛있는 빵들이 아침 식사를 위해 준비되어 있어요. 물론 빵은 언제 먹어도 맛이 있죠!

밤의 사냥꾼들

밤을 새워 보고 싶었던 적이 있나요? 사람들이 모두 잠자리에 들 시간에, 우리는 어둠 속에서 오로지 달빛만 길을 비추어 주는 숲속에 있어요. 운이 좋다면 부엉이 소리를 듣거나 박쥐를 볼 수도 있어요. 이 녀석들은 낮에는 자고 밤에 활동하는 야행성 동물이에요. 사실 부엉이와 박쥐가 이렇게 남들과 반대의 생활을 하게 된 것은, 바로 생존을 위해서예요. '생존'은 살아남는 것을 말해요.

도마뱀붙이(게코도마뱀)와 같은 야행성 동물은 낮에는 뜨거운 햇볕으로 피부가 마르기 때문에 그늘에서 잠을 잡니다. 쥐와 같은 작은 동물들은 큰 동물의 눈에 뜨이거나 잡아먹히지 않으려고 깜깜한 밤에 조용히 숨어서 다녀요. 그래도 이 작은 동물들이 완벽하게 안전한 것은 아니에요. 밤에 활동하는 동물들이 많이 있거든요. 이제, 어둠 속의 사냥꾼들을 만나 볼까요?

올빼미는 아주 훌륭한 밤의 사냥꾼이에요. 올빼미들은 머리부터 발끝까지 밤의 사냥을 위해 맞춰진 것 같아요. 우선 머리부터 살펴볼까요?

올빼미의 친척인 부엉이는 대개 머리 위에 귀처럼 생긴 긴 깃털이 있어요. 이것을 '귀깃'이라고 해요. 귀처럼 생겼지만 듣는 것과는 관련이 없어요. 과학자들은 부엉이가 귀깃을 사용해서 다른 부엉이에게 자신의 기분을 전달한다고 생각해요. 실제로 부엉이의 귀는 머리 양쪽 틈새에 있어요. 귓바퀴라고 불리는 것이 수북한 깃털 아래에 숨겨져 있답니다. 한쪽 귀가 다른 쪽 귀보다 높이 있어서 작은 소리라도 어디서 들리는지 정확히 알아낼 수 있어요. 소리를 아주 잘 듣기 때문에 완전한 어둠 속에서도 사냥을 할 수 있어요. 땅속 구멍에 숨어 있는 쥐 소리도 들을 수 있답니다!

이제 올빼미의 큰 눈을 살펴볼 차례예요. 올빼미의 눈은 어둠 속에서 잘 볼 수 있도록 만들어졌어요. 머리 양쪽에 눈이 있는 많은 새들과 달리 올빼미의 눈은 사람처럼 얼굴 앞쪽에 있어요.

이 덕분에 사물이 얼마나 멀리 떨어져 있는지, 얼마나 빨리 움직이는지 더 잘 파악할 수 있지요. 올빼미는 인간처럼 눈을 돌릴 수는 없고, 머리 전체를 좌우로 돌려야 해요. 하지만 아무런 문제가 되지 않아요. 올빼미는 사람과 달리 목에 뼈가 14개나 있어서, 거의 모든 방향으로 머리를 돌릴 수 있답니다. 올빼미에게 몰래 다가가는 것은 정말 어려운 일이에요.

조심해요! 반대로 올빼미는 우리 몰래 다가올 수 있기 때문이에요! 올빼미의 날개에는 소리가 나지 않게 해 주는 특별한 깃털이 있어요. 그래서 올빼미가 사냥감의 소리를 듣기는 쉽지만 반대로 사냥감이 올빼미의 소리를 듣기는 어려운 거예요. 올빼미의 깃털도 주변 환경과 잘 어울리는 색을 띠기 때문에 올빼미가 다가오는 것을 알아채기 정말 어렵답니다.

마지막으로 발가락을 살펴볼까요? 올빼미는 한쪽 발에 사냥 발톱을 4개나 갖고 있어요. 이 발톱으로 사냥감을 찔러서 잡고, 통째로 삼켜요.

혹시, 이런 얘기가 그다지 역겹게 느껴지지 않으면… 이어서 아래를 읽어 보세요.

몇 시간이 지나면, 올빼미들은 삼킨 것들 가운데 소화되지 않은 뼈와 털을 덩어리로 만들어 토해 내요. 과학자들은 가끔 올빼미가 토한 덩어리를 파헤쳐서 퍼즐 맞추기처럼 뼈를 다시 조립하기도 해요. 그러면 올빼미와 같은 지역에 사는 동물들을 알아낼 수 있거든요.

박쥐들은 대개 낮에 잠을 자요. 동굴의 천장, 나무 둥치에 움푹 파인 구멍같이 어둡고 조용한 곳에 모여서 거꾸로 매달려 있지요. 왜 거꾸로 매달려 있을까요? 왜냐하면, 박쥐는 위쪽으로 날아오르는 것에 익숙하지 않기 때문이에요. 위로 올라가는 대신 아래로 떨어지면서 날개를 펼쳐서 비행하는 자세를 잡는 거죠.

어떤 박쥐들은 먹이를 잡아 와서 아픈 친구들을 돌봅니다.

다른 야행성 생물처럼 박쥐는 대개 밤에 활동하는데, 어둠 속에서 길을 찾을 수 있는 놀라운 능력을 가지고 있답니다. 과학자들이 '반향정위'라고 부르는, 비행기와 똑같은 레이더 기능이에요. 날아가는 동안 박쥐는 '초음파'라는, 사람이 들을 수 없는 높은 음파를 내보내요. 초음파가 장애물이나 맛있는 곤충 같은 사냥감에 닿아 반사되면, 박쥐는 매우 예민한 귀로 듣고 장애물이나 사냥감이 얼마나 크고 얼마나 떨어져 있는지 알 수 있어요. 사냥감이 움직이면 움직이는 방향과 속도도 정확하게 예측할 수 있다고 해요. 그래서 박쥐는 어둠 속에서도 나방과 같은 먹잇감을 놓치지 않아요. 박쥐 한 마리가 하룻밤 동안에 모기나 나방을 2000마리나 잡아먹기 때문에, 해충을 없애는 데에도 큰 도움이 된다고 해요.

박쥐들은 대개 함께 지내요.
무리에서 안전하고 따뜻하게
지내는 것을 좋아하죠.

박쥐는 날 수 있는 유일한
젖먹이 동물이랍니다.

동남아시아의 깊은 숲속에는 정말 이상하게 생긴 야행성 동물이 살고 있어요. 박쥐처럼 크고 부리부리한 눈과 큰 귀를 가졌죠. 발가락은 가늘고 길게 생겼고, 뒷다리는 몸에 비해 무척 길어요. 가죽끈처럼 생긴 긴 꼬리도 있어요! 다 자라도 떠먹는 요구르트 한 개보다 약간 더 나가는 몸무게에 어른 손바닥만 한 크기예요. 세계에서 가장 작은 영장류이고, 4500만 년 동안이나 존재해 왔어요. 필리핀안경원숭이 이야기예요.

올빼미와 박쥐처럼 필리핀안경원숭이도 능숙한 밤의 사냥꾼입니다. 고기만 좋아하고 녹색이라면 녹색 메뚜기나 개구리만 먹을 정도지요. 주로 곤충과 작은 동물을 먹고 채소는 입에도 대지 않기 때문에, 도마뱀·사마귀·애벌레와 같은 먹잇감을 찾기 위해 나무에서 나무로 뛰어다니며 밤을 보내요. 필리핀안경원숭이는 긴 다리를 이용해서 무려 몸길이의 30배까지 점프할 수 있답니다.

무엇보다 그 커다란 눈으로 먹이를 잘 찾는답니다. 필리핀안경원숭이의 눈은 엄청나게 커서 뇌보다 무겁고, 어둠 속에서도 잘 볼 수 있도록 눈동자 크기를 조절할 수 있어요. 하지만 눈이 너무 크다 보니 눈동자를 잘 돌리지는 못하고, 올빼미처럼 머리 전체를 돌려서 보아요.

과학자들은 최근에 이 작고 작은 동물이 초음파만으로 의사소통하는 유일한 영장류라는 것을 발견했어요. 우리가 들을 수 없는 정말 높은 소리로 말이죠. 과학자들은 필리핀 안경원숭이들이 초음파를 이용해서 먹잇감과 위험에 대해 서로 알려 준다고 생각해요. 물론 초음파를 내는 먹잇감들의 소리를 듣고 먹잇감을 찾아내기도 할 거예요.

그러니 작고 먹음직스러운 생물들은 밤에는 외출 금지예요. 무시무시한 밤의 사냥꾼들이 기다리고 있을지도 모르니까요!

사막에서 사는 법

사막의 태양은 너무 뜨거워서 땅 위를 걸었다가는 타 죽을 수도 있어요. 어떤 동물도 발가락을 지글지글 태우고 싶지 않을 거예요. 여러분이 뱀이라면 기어 다니다가 배에 화상을 입는 것도 원하지 않겠죠. 당연히, 낮에는 굴에서 보내다가 시원한 밤에 나올 수밖에 없어요. 사막에 해가 지면, 밤은 훨씬 더 어두워요. 그래도 몇몇 똑똑한 동물들은 이렇게 극단적인 기후에도 잘 적응해서 살아남았답니다. 어둠 속에서 말이죠!

이 재미있게 생긴 작은 설치류는 여러 다른 동물들을 하나로 모아 놓은 것처럼 보여요. 쥐의 몸통, 토끼의 귀, 돼지의 코를 가졌고 캥거루처럼 뛰어다니거든요. 중국 북서부와 몽골 남부의 사막에 살아요. 수줍음이 많아 눈에 잘 띄지 않아요. '저보아'라고 불리는데 겨우 구운 감자만 한 크기와 무게예요.

저보아의 귀를 살펴볼까요? 머리보다 3배나 크고, 어둠 속에서 정말 작은 소리도 들을 수 있어요. 저보아는 먹잇감인 곤충이 내는 바스락거리는 소리도 들을 수 있고, 저보아를 사냥하려고 하는 큰 동물의 소리도 들을 수 있어요.

저보아는 앞다리가 매우 짧아서, 굴을 파거나 먹잇감을 입에 가져오기가 편해요. 뒷다리도 긴 편은 아니에요. 그런데 발이 매우 길고 놀라운 탄력이 있어서 2미터까지도 뛰어오를 수 있답니다. 이 놀라운 능력으로 날아다니는 곤충도 사냥할 수 있어요.

저보아의 거대한 귀는 열을 내보낼 수 있어서, 낮에는 저보아의 체온 조절을 도와주어요.

이 괴상하게 생긴 생물은 공룡처럼 보이지만 실제로는 젖먹이 동물이에요! 천산갑은 좀 큰 집고양이만 한 크기인데, 아시아와 아프리카의 열대 우림, 건조한 삼림 지대, 사바나에 살아요.

천산갑의 혀는 끈적거리는 침으로 덮여 있어서 벌레를 쉽게 훑어 낼 수 있어요.

낮에는 굴에서 몸을 동그랗게 만 채 잠을 자고, 밤에는 밖으로 나와 민감한 주둥이로 냄새를 맡아 흰개미나 개미의 집을 찾아다녀요. 먹잇감이 있는 곳을 찾으면 강한 발톱으로 흰개미 언덕이나 개미집을 파헤친 다음에 길고 끈적한 혀를 넣어서 개미를 훑어 냅니다. 혀가 정말 길어서, 몸과 머리를 합친 것보다도 길다고 해요! 한 번에 개미 2만 마리를 핥아서 먹을 수 있고, 귀와 코를 막아서 개미가 호흡기로 기어들어가는 것을 막을 수도 있어요.

이 모진 생명은 우리가 관심을 갖고 돌보지 않으면 멸종될 위험에 빠져 있어요.

  천산갑은 씹을 이빨이 없기 때문에, 작은 돌을 삼켜서 위장 속의 먹잇감들을 잘게 부수어 소화를 도와요.

  천산갑을 먹고 싶어 하는 동물은 많지 않아요. 어떤 동물이 그 단단한 비늘을 씹을 수 있겠어요? 게다가 천산갑은 효과적인 방어 수단을 하나 더 갖고 있답니다. 공격을 당하면 금방 공처럼 구르면서 꼬리 근처의 특수한 땀샘에서 견디지 못할 만큼 역겨운 냄새를 내뿜어요. 윽! 지독한 오줌 냄새!

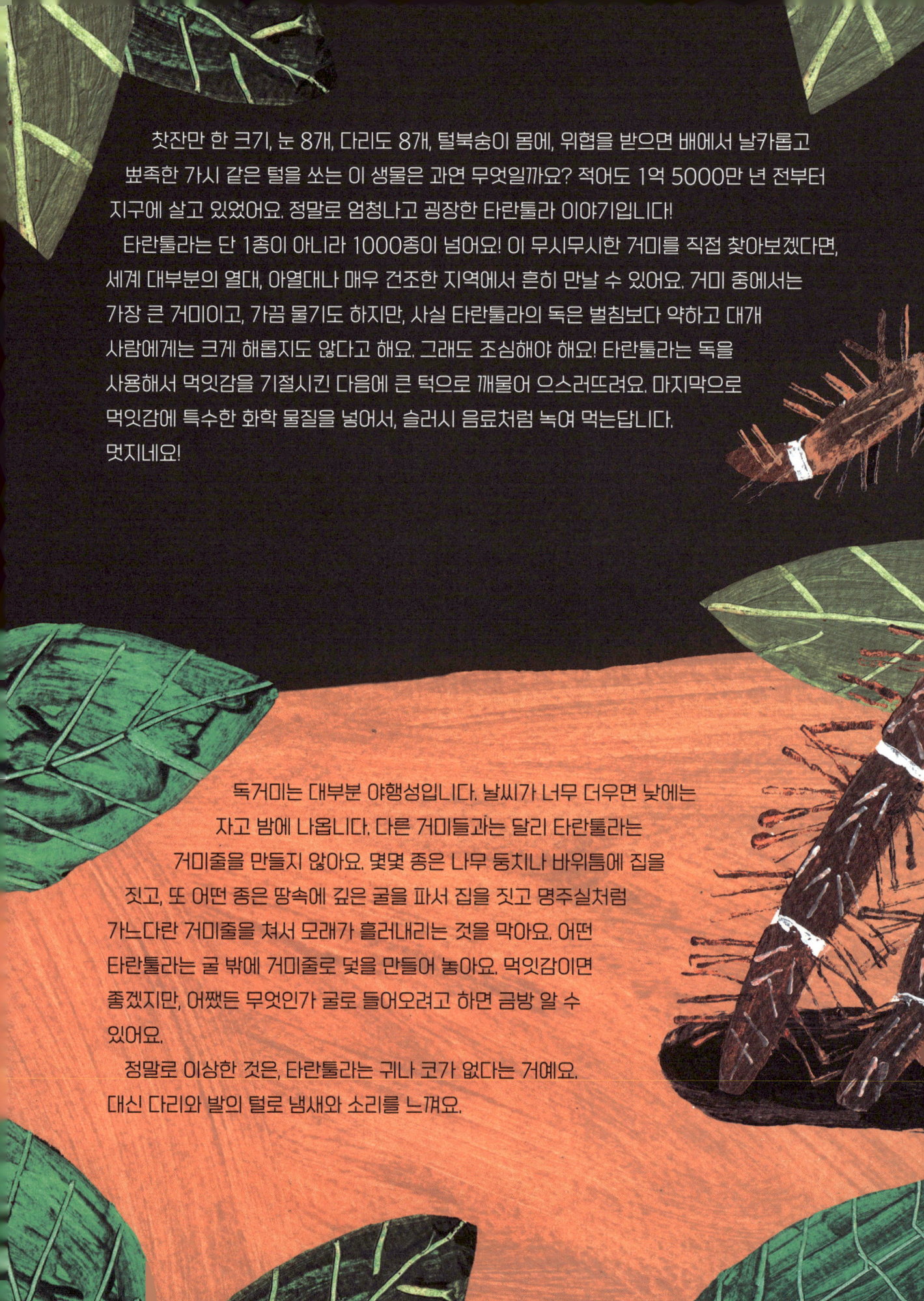

　찻잔만 한 크기, 눈 8개, 다리도 8개, 털북숭이 몸에, 위협을 받으면 배에서 날카롭고 뾰족한 가시 같은 털을 쏘는 이 생물은 과연 무엇일까요? 적어도 1억 5000만 년 전부터 지구에 살고 있었어요. 정말로 엄청나고 굉장한 타란툴라 이야기입니다!
　타란툴라는 단 1종이 아니라 1000종이 넘어요! 이 무시무시한 거미를 직접 찾아보겠다면, 세계 대부분의 열대, 아열대나 매우 건조한 지역에서 흔히 만날 수 있어요. 거미 중에서는 가장 큰 거미이고, 가끔 물기도 하지만, 사실 타란툴라의 독은 벌침보다 약하고 대개 사람에게는 크게 해롭지도 않다고 해요. 그래도 조심해야 해요! 타란툴라는 독을 사용해서 먹잇감을 기절시킨 다음에 큰 턱으로 깨물어 으스러뜨려요. 마지막으로 먹잇감에 특수한 화학 물질을 넣어서, 슬러시 음료처럼 녹여 먹는답니다. 멋지네요!

　독거미는 대부분 야행성입니다. 날씨가 너무 더우면 낮에는 자고 밤에 나옵니다. 다른 거미들과는 달리 타란툴라는 거미줄을 만들지 않아요. 몇몇 종은 나무 둥치나 바위틈에 집을 짓고, 또 어떤 종은 땅속에 깊은 굴을 파서 집을 짓고 명주실처럼 가느다란 거미줄을 쳐서 모래가 흘러내리는 것을 막아요. 어떤 타란툴라는 굴 밖에 거미줄로 덫을 만들어 놓아요. 먹잇감이면 좋겠지만, 어쨌든 무엇인가 굴로 들어오려고 하면 금방 알 수 있어요.
　정말로 이상한 것은, 타란툴라는 귀나 코가 없다는 거예요. 대신 다리와 발의 털로 냄새와 소리를 느껴요.

골리앗새잡이타란툴라가 다 자라면
손가락을 쫙 편 사람의 손만큼이나 크다고 해요!

아마도 모래고양이는 아프리카와 아시아의 사막 지역에서 발견되는 가장 귀여운 야행성 동물일 거예요. 어른이 된 고양이도 큰 머리, 큰 눈, 큰 귀를 가진 사랑스러운 새끼 고양이처럼 보이죠. 그러나 속지 마세요. 평범한 집고양이처럼 보이지만 정말 사나운 야생 동물이니까요!
모래고양이는 건조한 사막 지대의 털을 태울 것처럼 뜨거운 낮과 코가 얼어붙을 것처럼 추운 밤에도 살아남을 수 있도록 완벽하게 적응했어요.

모래고양이는 사막에 사는 하나밖에 없는 고양잇과 동물입니다. 다리와 꼬리에 어두운 줄무늬가 있고, 옅은 모래색이라서 사막에서는 알아보기가 매우 어렵답니다. 발에 있는 두껍고 검은 털은 낮에는 지글지글 끓고 밤에는 얼음장 같은 모래로부터 발바닥을 보호하고, 움직일 때는 미끄러지지 않게 도와주지요. 땅파기 전문가이기도 해요. 튼튼한 발로 모래흙 속에 굴을 파고 들어가 견딜 수 없는 한낮의 더위를 피해 잠을 잡니다. 밤이 되고 공기가 선선해지면 굴에서 나와 먹이를 찾아요.
모래고양이의 털가죽은 체온을 지켜 주고 모래 아래에서 움직이는 먹잇감을 알아차리게 해 줘요.

얼핏 보면 집고양이와 귀 모양이 비슷해요. 하지만 모래고양이의 귀 안쪽이 훨씬 넓어서 소리를 정말 잘 들어요!

땅속에서 뭔가 소리가 들리면 곧바로 튼튼한 앞발로 땅을 파고 들어가 잽싸게 덮쳐서 잡아먹어요. 대체로 먹잇감이 되는 운이 나쁜 동물들은 사막쥐나 저보아예요. 모래고양이는 먹이를 몇 차례 강하게 발로 쳐서 기절하게 만든 다음에 힘차게 물어뜯어요. 곤충, 파충류, 심지어 독이 강한 뱀도 모래고양이의 먹잇감입니다. 먹잇감에서 모든 수분을 얻기 때문에, 물을 마시지 않고도 오랫동안 버틸 수 있어요. 이 덥고 추운 환경에서 모래고양이들이 어떻게 살아남을 수 있었는지 이제야 이해할 수 있겠지요?

물속의 잠자리

사람은 잠깐이라도 눈을 감았다 떠야 해요. 그런데 공격을 당하지 않기 위해서, 또는 더 나아가 잡아 먹히지 않기 위해서, 잠을 자면서 눈은 뜨고 있을 수는 없을까요? 물속에 사는 대부분의 동물들은 눈을 감지 못해요. 잠자리에 드러눕지도 않아요. 하지만 잠은 자야 해요. 어떻게 하는게 좋을까요?
　백상아리는 항상 헤엄쳐서 앞으로 나아가야 해요. 상어는 다른 물고기와 달리 부레가 없어서 헤엄치지 않으면 가라앉아 버리기 때문이죠. 그리고 상어는 빠르게 헤엄치며 입 안으로 바닷물을 통과시켜 아가미로 흘려보내야 호흡을 할 수 있어요. 그럼 상어는 대체 언제 쉬죠? 이 질문 때문에 과학자들은 오랫동안 골치가 아팠어요. 그런데 최근에 처음으로 잠을 자는 백상아리를 촬영했어요.

과학자들은 특수 로봇 카메라를 이용해서, 멕시코의 과달루페섬 주변을 헤엄치는 '엠마'라는 이름의 백상아리를 추적했어요. 밤이 되자 엠마는 얕은 물이 빠르게 흐르는 해안 가까이 접근했어요. 그런 다음 날카로운 이빨이 가득 찬 거대한 턱을 열고 물의 흐름에 거슬러 천천히 헤엄치기 시작했어요. 마치 강한 바람을 마주하고 걸어가는 것과 비슷해 보였죠. 이렇게 엠마는 헤엄치느라 힘을 빼지 않고도 물이 아가미를 지나가게 할 수 있었던 거예요. 과학자들은 엠마가 깊은 꿈을 꾸는 것처럼 무아지경에 빠졌다는 것을 알 수 있었어요. 과학자들은 이것이 바로 상어가 잠자는 모습이라고 생각했어요. 상상 밖이죠!

앵무고기는 앵무새를 닮았어요. 앵무새의 부리처럼 생긴 이빨로 산호를 긁어 먹으면서 하루를 보내요. 어떤 앵무고기는 자기 전에 정말 특별한 잠자리를 준비해요. 작은 바위 틈으로 들어간 다음, 입에서 끈적끈적한 점액을 뿜어내어 몸을 둘러싼 투명한 막을 만들어요. 마치 투명한 침낭 안에 들어가 있는 것처럼 보이죠. 과학자들은 이 끈적한 침낭이 역겨운 냄새를 풍겨서 기생충이나 천적으로부터 앵무고기를 보호한다고 생각해요.

바다에 사는 젖먹이 동물인 바다코끼리는 무척 거대하고 통통해요. 물에 둥둥 뜬 상태에서도 잠을 잘 잡니다. 가끔 물속에서 잠을 자기도 해요. 숨을 참을 수 있는 시간이 약 5분 정도밖에 안 되기 때문에, 더 오래 자려면 목구멍 아래 있는 공기 주머니에 공기를 가득 채워요. 그러면 공기의 힘으로 사람처럼 서 있는 자세가 되어서, 물 위에 머리를 올리고 숨을 쉴 수 있어요.

빙산과 같은 얼음이 있을 때는, 물속에 몸을 세우고 긴 엄니를 얼음에 걸어 놓은 채 물 밖으로 코만 내밀고 자기도 해요. 땅 위에서는 함께 모여서 큰 무리를 이루어 잠을 자요. 바다코끼리는 조개나 굴과 같이 바삭바삭하고 오도독 씹는 맛이 있는 조개들을 즐겨 먹는데, 먹잇감을 찾아 먼 바다로 수영을 하기 전에 최대 19시간 동안이나 잠을 자기도 한답니다.

어떤 바다코끼리는 잠을 잘 때 엄니로 얼음을 잡아요

돌고래나 고래가 물에 빠져 죽을 수 있다는 것을 알고 있나요? 돌고래와 고래는 평생을 바다에서 보내는데, 참 이상하죠? 돌고래나 고래는 바다에 사는 젖먹이 동물이어서 우리처럼 폐로 공기를 마셔야 해요. 숨을 쉴 때는 머리 위에 있는 특별한 콧구멍을 사용합니다. 물 위로 떠올라서 콧구멍을 내밀고 오래된 공기를 힘차게 내보내요. 이때 콧구멍 위에 있던 물이 함께 솟아올라 분수처럼 보이죠. 공기를 다 내보낸 다음에는 신선한 공기를 마음껏 들이마시고, 물속에 다시 들어가기 전에 콧구멍을 닫아요.

그래서 돌고래와 고래는 숨을 쉴 때 조심해야 해요. 콧구멍을 늦게 닫으면 공기 대신 물을 빨아들일 수도 있거든요!

돌고래는 잠을 자는 동안 물 위에 통나무처럼 떠 있어요.

돌고래와 고래는 어떻게 잠을 잘까요? 음, 뇌의 절반만 잠이 들어요. 뇌의 나머지 부분은 잠을 안 자고 깨어 있어요. 숨도 쉬고, 위험한 일이 생기면 대응도 해야 하기 때문이에요. 이 영리한 동물은 잠을 잘 때 한 번에 한쪽 눈만 감아요. 잠을 자는 8시간 동안 2시간마다 번갈아 가면서 눈을 떠요.

　돌고래는 잠자는 동안 많이 움직이지 않고 수면 근처에서 떠다니기 때문에 콧구멍을 통해서 쉽게 숨을 쉬어요. 잠자는 돌고래들은 마치 떠다니는 통나무처럼 보인답니다.

2008년에 과학자들은 잠자는 고래 무리를 발견하고 놀랐어요. 고래들이 꼬리를 똑바로 세우고 자고 있었거든요. 심지어 거꾸로 자는 고래도 있었어요! 버스만큼 큰 향유고래는 낮잠을 자는 10~15분 동안 꼼짝도 하지 않고, 숨조차도 쉬지 않았답니다.

해달은 모든 일을 물에서 해요! 물에서 먹고, 사냥하고, 짝짓기를 하고, 새끼를 낳지요. 심지어 잠도 자지요. 해달은 물 위에 드러누워서 무리를 지어요. 서로 발을 잡고 뱅글뱅글 돌면서 흐르는 물에서 흩어지지 않게 해요.

이 털북숭이 동물은 어떤 젖먹이 동물보다 털이 두꺼워서 차가운 바닷물 위에서도 담요가 필요하지 않아요. 고래나 바다코끼리와 같이 바다에 사는 다른 젖먹이 동물들은 피부 밑에 두꺼운 지방층이 있지만, 해달은 지방층 대신 두껍고 빽빽한 털가죽이 있어요. 해달의 털에는 물이 스며들지 않아서 물 위에서도 따뜻하게 잠을 잘 수 있어요.

해달의 발바닥에는 털이 없어요. 그래서 물 위에서 자는 동안에는 발을 차가운 물에 닿지 않게 해요.

해달의 털가죽은 두껍고 촘촘한 속털과 가늘고 긴 겉털로 두 겹을 이루고 있어요. 겉털은 물이 안쪽으로 침투하지 못하도록 해서 얼음장같이 차가운 물이 수달의 피부에 닿는 것을 막아 줍니다.

해달의 똥은 '스프레인트'라고도 부르는데, 냄새가 아주 지독하답니다.

동물들은 어떻게 잘까요?

우리는 대개 언제 어디서 잠을 잘 것인지 알 수 있어요. 하지만 야생 동물은 잠을 자기에 알맞은 시간과 장소를 찾기 어려울 때가 많아요. 천적으로부터 안전하고 따뜻한 생활을 위해서 야생 동물들은 정말 흥미로운 방법으로 쉴 곳을 찾곤 했어요.

　새는 둥지에서 자지 않는다는 것을 알아요? 둥지는 알과 새끼를 안전하게 지키기 위한 것일 뿐 침대가 아니랍니다. 심지어 어떤 새들은 둥지조차 만들지 않아요. 그럼 어디서 잘까요? 새들은 안전하고 따뜻한 곳이라면 어디에서든 잘 수 있어요. 언제든 높이 날아오를 수 있는 나뭇가지 위나 몸을 숨길 수 있는 빼곡한 덤불 속 같은 곳이요. 새들이 밤을 보내기로 선택하는 모든 곳을 '보금자리'라고 불러요.

　안전을 위해 오리들은 물가에 나란히 줄 맞춰 앉아 함께 쉽니다. 줄의 양쪽 끝에 있는 오리 2마리는 한쪽 눈을 감고 반쯤 잠을 자고, 다른 한쪽 눈은 뜨고 보초를 서요. 가운데에 있는 오리들은 보초 덕에 안전하다고 생각하고 두 눈을 감고 잠이 듭니다. 위험한 일이 생기면, 오리 떼는 함께 물속으로 뛰어들어요!

　태평양 적도 근처 갈라파고스섬에 둥지를 둔 군함조는 날개가 아주 길어서 한 번도 멈추지 않고 열흘 넘게 날 수 있어요. 잠은 돌고래나 오리처럼 반쯤 자면서, 날 때에는 언제나 한쪽 눈을 뜨고 있다고 해요. 흠, 그러니까 사실은 늘 그러는 거네요. 과학자들은 최근에 이 군함조의 머리에 특수 장치를 매달아 관찰한 결과를 발표했어요. 이 놀라운 새들이 날아가는 동안에 한 번에 몇 초씩 두 눈을 다 감고 졸음 비행을 한다는 것을 말이죠. 다행히 충돌 사고는 일어나지 않았답니다!

거미는 낮이나 밤이나 선잠은 거의 자지 않아요. 거미는 종류마다 다른 장소에서 푹 잠을 잡니다. 어떤 거미들은 안전하게 거미줄 속에서 잠을 자고, 다른 거미들은 어둡고 조용한 곳을 찾아 잠자리에 들어요. 타란툴라와 같은 어떤 거미들은 땅속에 굴을 파고 들어가 잠을 잡니다. 하지만 잠을 자는 곳이 어디든, 거미는 눈을 감지 않기 때문에 자고 있는지 알기가 어려워요. 거미는 눈꺼풀이 없어서 눈을 감지 않거든요.

거미가 자는지 확인하려면 거미의 몸을 관찰하는 것이 가장 좋은 방법이에요. 어떤 거미들은 땅에 내려와서 잠을 자는 동안 다리를 구부려요. 거미줄에서 먹이를 잡아먹는 거미는 보통 무언가가 거미줄에 걸릴 때까지 움직이지 않고 부드러운 그물에 매달려 자고 있다가, 거미줄에 뭔가 걸리면 바로 움직여서 식사를 하죠. 그리고 또 잠을 자면서 거미줄에 다음 먹잇감이 걸릴 때까지 힘을 아껴요.

달팽이는 주로 밤에 많이 활동해요. 촉촉한 몸이 마르지 않는 따뜻하고 습기가 있는 환경을 좋아하죠. 너무 추워지면 껍데기 속으로 들어가 끈적끈적한 점액으로 입구를 막고 따뜻해질 때까지 잠을 자요. 금방 따뜻해지지 않더라도 달팽이는 조금도 신경 쓰지 않고 좋아질 때까지 계속 잠을 잔답니다. 여러 해 동안이라도 말이지요. 네, 여러 해요! 실제로 1846년에 이집트의 사막에서 발견된 달팽이가 영국 런던의 대영 박물관에 전시되었을 때 일이에요. 박물관 전시 담당자는 물론, 모든 사람들은 그 달팽이가 죽었다고 생각했어요. 하지만 놀랍게도 이 달팽이는 4년 후에 잠에서 깨어났고, 양배추를 조금 먹고 2년 더 살았다고 합니다.

서서 잠을 잔 적 있나요? 아마 없을 거예요. 그런 적이 있다고 해도 잠이 제대로 들지 못하거나 졸다가 넘어졌을 거예요. 하지만 어떤 동물은 살아남기 위해 서서 잠을 자야만 해요. 그래야 위험이 느껴지자마자 달아날 수 있으니까요. 코끼리, 얼룩말, 소와 말은 서서 잘 수 있는 몇 안 되는 동물이랍니다. 우리와 달리 서서 자더라도 넘어지지 않는 비결이 있거든요. 이 동물들은 근육을 거의 사용하지 않은 채 똑바로 서 있는 자세로 다리를 고정시킬 수 있어요. 그래서 서서 잠이 들어도 무릎이 꺾이지 않는 거예요.

홍학도 서서 잠이 들어요. 한쪽 다리만으로 서서 우아하게 균형을 잡으면서 말이지요. 어떤 사람은 깨어 있어도 이렇게 못하는데요!

　지구에서 가장 키가 큰 동물인 기린은 잠자는 시간이 정말 고통스러워요. 긴 목은 높은 나뭇가지의 잎을 먹을 때는 도움이 되지만 잠잘 땐 도대체 쓸모가 없거든요.
　자연환경에서 기린은 긴 목 때문에 일어나려면 한참 걸려서 좀처럼 눕는 법이 없어요. 그랬다가는 사자나 표범에게 그대로 쉬운 먹잇감이 될 수 있으니까요. 기린은 눈을 거의 감지 않고 약 10분 정도 서서 선잠을 자요. 졸다가 목이 앞으로 약간 기울어지기도 하고, 목을 나무나 다른 기린에 기대기도 해요. 선잠을 자는 중에도 항상 위험 신호에 귀를 쫑긋하고 주위를 경계한답니다.
　기린은 아주 드물게 눕기도 해요. 다리를 몸 아래에 넣고 목을 뒤로 활처럼 구부린 다음 머리를 엉덩이에 기대요. 엉덩이를 베개로 사용한다고 상상해 보아요!

나무늘보는 천적이 닿지 않는 안전한 곳에 머물기 위해 나무에서 졸며 하루를 보내는 동물이에요. 주로 남아메리카와 중앙아메리카의 열대 우림에 살고 있어요. 화장실에 가기 위해서나 일주일에 한 번 정도 아주아주 천천히 나무에서 내려옵니다.

야생에서 나무늘보는 강하고 긴 발톱을 이용해 나뭇가지에 매달려서 하루에 한 10시간 정도 잠을 자요. 깨어 있을 때에도 움직임이 적고 아주 느려요. 하도 움직이지 않으니까 작은 식물들이 나무늘보의 털에 달라붙어서 나무늘보를 녹색으로 보이게 해요. 그 덕분에 나무늘보는 숲속에서 찾기 어렵답니다.

　나무늘보처럼 느리고 느린 삶을 사는 귀여운 동물이 또 있어요. 바로 오스트레일리아 동부 지역에 사는 코알라입니다. 코알라의 먹이는 나뭇잎이고, 가장 좋아하는 것은 유칼립투스 나무의 잎이에요. 하루에 유칼립투스 나뭇잎을 1킬로그램 이상 먹어요. 유칼립투스 잎에는 약한 독성 물질이 들어 있어서, 우리가 이 정도로 유칼립투스 잎을 먹는다면 탈이 날 거예요. 하지만 코알라는 이 물질을 좋아하고, 독성을 소화시키는 특별한 내장을 가지고 있다고 해요. 대신 소화하는 데에 많은 시간을 쓰기 때문에 하루에 18시간이나 잠을 자는 거예요.

　돌고래나 오리, 거미나 달팽이, 기린이나 코알라처럼 동물들은 모두 독특한 잠버릇을 갖고 있어요. 만약 우리가 항상 천적을 경계해야 하거나, 다음 먹잇감이 나타날 때까지 기다려야만 한다면 지금처럼 편히 잘 수 없을 거예요.

곰의 겨울잠

너무너무 추우면 밖에 나가기가 싫죠? 겨울이 되면 굴 속에서 내내 잠만 자는 동물이 있어요. 바로 곰이죠! 겨울에는 먹이가 부족하니까 곰은 잠을 자면서 힘을 아끼는 거예요.

대부분의 회색곰은 겨울이 길고 추운 북아메리카의 가장 북쪽에 있는 알래스카와 캐나다 서부에 삽니다. 북아메리카에는 회색곰 말고도 북극곰, 흑곰, 갈색곰, 코디악곰도 있어요. 지도에서 찾아볼까요?

회색곰은 사실 갈색곰의 일종이에요. 회색곰의 털을 자세히 보면 안쪽은 황갈색인데 털 끝이 회색인 것을 알 수 있어요. 이 수북한 털은 겨울에 더 길고 수북하게 자라서 추운 몇 달 동안 따뜻하고 보송하게 유지됩니다.

회색곰은 냄새를 잘 맡는 코를 갖고 있어서 1.5킬로미터 이상 떨어진 곳에 있는 먹잇감의 냄새도 쉽게 알아챌 수 있어요. 잡식성이기 때문에 나무 열매와 뿌리, 잣과 같은 견과류에서 사슴이나 생쥐, 벌레에 이르기까지 영양가 있는 모든 것을 눈에 뜨이는 대로 먹습니다. 가을이 오면 먹는 양이 두 배로 늘어나요. 회색곰은 먹어도 먹어도 배가 차지 않는 것 같아요.

곰은 사슴도 잘 잡아먹어요.

많은 딸기 종류도 무척 좋아해요. 냠, 냠, 냠!

쥐와 같은 설치류도 곰의 식단에 포함되지요.

가을에 곰은 하루에 40킬로그램 이상의 음식을 먹어도 배가 부른 것을 느끼지 못해요. 200명이 넘게 먹을 떡볶이를 혼자 하루에 먹는 것과 같아요. 이렇게 먹다 보면 몸무게가 두 배로 늘어나요. 물론 이렇게 먹어야 할 이유가 있어요. 곰의 몸에 저장된 지방이 겨울잠을 자는 몇 달 동안 음식과 물 없이 살아갈 수 있도록 도와주거든요.

쩝쩝!
우적우적!

곰은 먹이를 찾을 수 있을 때까지는 밖에 머물러 있어요. 날씨가 추워지기 시작하고 눈이 많이 내려서 먹잇감들이 은빛 담요 아래로 사라져 버리면, 곰은 따뜻하고 안전한 굴로 들어가요. 몇몇 준비성 좋은 회색곰들은 일찌감치 여름부터 쓸 만한 굴을 찾아보기도 해요.

나무 둥치의 구멍은 곰의 완벽한 침실이 됩니다.

나무뿌리 사이에 뚫린 굴은 겨울에 숨을 장소로 딱이에요.

어떤 굴은 수백 년 동안 같은 곰 가족이 이어서 사용했다고 해요. 우리 할아버지의 할아버지의 할아버지의 할아버지가 주무시던 침대에서 자고 있다고 상상해 보아요!

속이 빈 통나무는 졸린 곰의 훌륭한 쉼터랍니다.

동굴이나 바위 틈은 곰의 멋진 은신처가 되지요.

어떤 회색곰들은 겨울잠을 자기 위해 스스로 직접 집을 만들기도 해요. 큰 발과 갈고리 모양의 튼튼한 발톱은 멋진 굴착기랍니다. 정말 땅을 잘 파거든요! 3일에서 7일 정도면 훌륭한 동굴 집을 만들 수 있어요. 그동안 퍼내는 흙은 거의 900킬로그램이나 됩니다. 작은 차의 무게 정도 되는 양이지요.

굴에는 곰이 드나드는 출입문이 있어요. 이곳으로 들어가면 아늑한 방으로 이어지는 비탈진 통로가 나와요.

파고, 파고, 파고!

곰은 바람이 불어오는 산비탈에 굴을 팝니다. 겨울이 오면 바람이 눈 더미를 덮어 주거든요.
이 눈 더미는 찬 바람이 들어오지 못하도록 막아 주는 문이 됩니다.

11월쯤 되면 곰은 슬슬 그동안 마련해 둔 굴로 향해요. 털북숭이 공처럼 몸을 둥글게 웅크리고 잠을 청해요. 호흡이 점점 느려지고, 1분에 쉰다섯 번 뛰었던 심장 박동은 아홉 번으로 줄어들어요. 몸의 온도도 낮아지면서 곰은 겨울잠이라는 깊은 잠을 자기 시작해요. 그대로 두면 몇 달 동안 깨어나지 않습니다. 곰은 겨울잠을 자는 동안 먹지도 마시지도 않고, 화장실에도 가지 않아요. 겨울잠을 자는 곰은 모든 것을 몸속에서 해결하거든요. 몸속에 마련해 두었던 지방이 분해되는 과정에서 나오는 물을 다시 흡수하고, 아주 약간 생기는 마른 똥도 재활용을 해요.

곰의 1년

1월	2월	3월	4월	5월	6월	7월	8월	9월	10월	11월	12월
잠자기				일어나기				먹고 또 먹은 다음		잠자기…	

암컷 곰은 초여름에 짝짓기를 해요. 하지만 겨울잠을 잘 때까지는 새끼가 뱃속에서 자라지 않아요. 겨울잠에 들어간 뒤 두 달쯤 지나면, 엄마 곰은 새끼 4마리를 낳아요. 겨우 감자보다 조금 더 큰 정도의 새끼 곰은 아직 눈도 안 떴고, 털도 없고, 이빨도 나지 않았어요. 새끼 곰은 아직도 잠에서 깨지 않는 엄마 곰의 젖을 찾아요.

겨울잠이 끝날 때까지 몇 달 동안 새끼 곰들은 엄마 곰의 젖을 먹으면서 빠르고 튼튼하게 자랍니다. 얼음이 녹고 마침내 따뜻한 봄이 오면 겨울잠을 자는 동안 날씬하고 건강하게 변한 엄마 곰과 함께 굴을 떠날 준비를 할 거예요. 멋진 식사를 할 때가 되었거든요!

작은 동물들의 겨울나기

겨울이 오면 우리는 두꺼운 외투를 입고 털 양말을 신어요. 따뜻한 음식을 먹고 코코아를 마시지요. 하지만 동물은 이렇게 할 수가 없어요. 날씨가 얼어붙고 먹잇감이 하나도 남지 않았을 때 무엇을 할 수 있을까요? 동물들은 먹잇감이 다시 나타날 봄날이 올 때까지 안전하게 잠잘 수 있는 곳을 찾아요. 이 잠을 '동면(겨울잠)'이라고 해요. 동물들마다 독특한 동면 방법이 있어요.

무당벌레는 나무껍질 밑이나 나뭇잎 안쪽에 무리를 지어 숨어서 동면해요.

호박벌은 겨울이 다가올 무렵에는 여왕벌만 살아 있어요. 여왕벌은 땅속에 들어가서 봄이 올 때까지 혼자 동면해요. 봄이 오면 알을 낳을 둥지를 만들기 위해 바빠질 거예요.

북아메리카의 비단거북은 보통 숨을 쉬기 위해 머리를 물 위로 내놓아요. 하지만 겨울에는 얼음이 물을 덮어서 머리를 물 밖으로 내놓을 수도 없고, 숨을 쉴 수도 없어요. 어떻게 해야 할까요? 비단거북은 물속에서 동면을 하는 놀라운 방법을 알고 있어요. 엉덩이로 숨을 쉬거든요.

　비단거북은 얼음으로 덮인 수면보다 물이 따뜻한 연못 바닥에서 동면을 해요. 콧구멍과 입으로 숨을 쉬는 대신 피부와 항문을 통해서 물에서 산소를 흡수하죠. 그래서 엉덩이로 숨을 쉰다고 하는 것이랍니다.

겨울철 북아메리카의 숲에 쌓여 있는 눈 아래를 파 보면 꽁꽁 얼어붙은 개구리들이 있어요. 바로 송장개구리들이에요. 만져 보면 개구리 모양의 얼음처럼 느껴질 거예요. 심장도 뛰지 않고, 피도 얼어붙어 있어요. 이 작은 양서류는 완전히 죽은 것처럼 보여요. 하지만 완전히 얼어붙어서 꼼짝도 않고 있는 이 송장개구리는 죽은 것이 아니라 동면을 하고 있는 중이랍니다.

어떻게 이런 일이 가능할까요? 겨울이 다가오면 송장개구리는 속이 빈 통나무 속으로 뛰어들어 가거나 나뭇잎 더미 아래에 몸을 숨겨요. 이런 행동은 송장개구리가 동면으로 들어가는 시기를 약간 늦춰 주기는 하지만 결국 천천히 얼어붙어서 얼음 모양의 개구리로 변하는 것을 막지는 못해요.

그 겨울에 처음으로 얼어붙은 얼음 조각이 송장개구리에 닿자마자, 개구리의 몸은 추위로부터 온몸을 보호하는 특별한 성분을 만들어 내요. 곧 몸의 절반 이상이 얼어붙으면서 심장 박동이 멈추고 피가 흐르지 않게 됩니다.

송장개구리는 겨울철 두세 달 동안 얼어붙어 있는 상태로 지내요. 봄이 오면 몸이 녹으면서 심장이 뛰기 시작하고 호흡이 돌아옵니다. 완전히 몸이 녹은 송장개구리는 곧바로 짝을 찾기 위해 폴짝 뛰기 시작한답니다!

서아프리카의 강이나 호수에 사는 폐어는 뱀장어같이 생긴 특이한 물고기예요. 폐어는 물 밖에 나와서 공기를 호흡하고 지느러미로 걸으며 한동안 살 수 있어요. 육지와 물에서 모두 살 수 있는 거죠. 폐어는 3억 년 전부터 지구에 있었다고 해요.

폐어도 동면과 비슷한 잠을 잡니다. 추위가 아니라 더위를 피하기 위해서라는 차이가 있을 뿐이에요. 비가 내리지 않는 건기가 되면 폐어가 사는 호수의 물이 줄어들면서 걸죽한 진흙 웅덩이로 변해요. 폐어는 진흙 속으로 들어가 이리저리 꿈틀거리면서 고치와 같은 굴을 만들어요. 굴이 완성되면 입구 쪽을 거품으로 막고 잠을 잡니다.

태양이 더 뜨거워지면 진흙의 물기가 마르면서 딱딱해집니다. 그때 폐어는 정말 놀라운 일을 해요. 피부에서 끈적끈적한 점액을 내보내 굴을 둘러싼 진흙이 더 딱딱해지지 않도록 하고, 열을 막아서 자신이 말라 죽지 않도록 해요. 폐어는 물과 먹이도 없이 최대 5년 동안 이런 방법으로 살아남을 수 있답니다!

우기가 다가오고 빗물이 호수를 다시 채우면, 이 끈적끈적한 잠꾸러기는 잠에서 깨어나 활기를 되찾고 맛있는 올챙이를 찾아 헤엄쳐 나와요.

몇몇 젖먹이 동물도 겨울잠을 자요. 마멋은 땅파기 전문이에요. 혹독한 추위가 찾아오면 마멋들은 정성 들여 만든 굴로 향합니다. 이 특별한 집에는 잔디 침대가 있는 침실과 독립된 화장실이 있어요. 심지어 여분의 방이 몇 개 더 있답니다! 우리는 마멋이 왜 여분의 방을 만드는지 아직 몰라요. 아마도 기분에 따라 잠자리를 골라서 자는 것 아닐까요? 스컹크나 가터뱀 같은 불청객이 때로 그 빈방을 이용하기도 해요.

배설물을 흙으로 덮어서, 배설물 냄새를 맡고 불청객이 집을 찾아오는 일이 없도록 해요.

마멋은 다섯 달 동안의 동면 중에 서너 번 깨어나서 그 특별한 화장실에서 몸을 쭉 펴고 오줌이나 똥을 누어요. 그런 다음 다시 침실로 돌아와 잠자리에 들어요.
대개 너무 깊이 잠이 들기 때문에, 봄이 오고 먹잇감이 넘칠 때까지는 깨울 수가 없답니다!

곰과 마찬가지로 마멋은 긴 겨울잠을 자기 전에 먹이를 많이 먹어서 몸속의 지방을 늘려요. 잠을 자는 동안 심장의 박동은 1분에 다섯 번 정도로 느려지고 체온도 섭씨 5도까지 떨어집니다. 거의 냉장고 속만큼 차가워지는 거예요. 정말 춥긴 하겠지만, 겨울을 보내는 멋진 방법이네요!

마멋의 굴에는 비상시에 도망칠 수 있도록 나가는 곳이 여러 개 있어요.

때로 남는 방에서 가터뱀 무리가 신세를 집니다.

133

해가 뜨고 질 때까지

창문을 열고 세상을 바라보아요. 다람쥐가 나무에 기어오르고 무당벌레가 잎사귀 위를 기어가는 모습을 지켜보아요. 아침에 해가 떠오를 때와 해가 지고 어둠이 내릴 무렵 하늘이 어떻게 변하는지 살펴보아요.

우리가 사는 지구에서 보면 해가 움직이는 것처럼 보이지만, 사실은 아니에요. 우리가 살고 있는 지구가 움직이는 것이랍니다.

지구는 자전축을 중심으로 뱅글뱅글 돌고 있어요. 자전축은 팽이의 중심처럼 별이 회전하는 보이지 않는 선을 말해요. 지구가 스스로 한 바퀴 도는 데 24시간이 걸려요. 그래서 하루가 24시간이랍니다.

 지구가 회전하는 동안 태양은 같은 지점에 머물러 있어요. 지구가 도는 동안 지구의 어떤 쪽은 태양을 바라보게 되는데, 그쪽에는 햇빛이 쏟아져요. 이때를 '낮'이라고 해요. 그 반대쪽은 햇빛이 없어서 어두워요. 이때를 '밤'이라고 해요.
 우리가 있는 쪽이 밤이면 지구의 반대쪽은 낮이에요. 우리가 있는 곳이 낮이면 반대쪽은 어둠 속에 있답니다. 그래서 우리나라 어린이들이 깨어나는 시간은 반대편 영국의 어린이들이 잠자리에 들 시간이에요.

지구가 회전하는 방향 때문에 태양은 항상 동쪽에서 떠서 서쪽으로 지는 것처럼 보여요. 그림자만 보고도 태양이 얼마나 높이 떠 있는지를 맞출 수 있어요. 태양이 높게 떠 있으면 그림자가 발 주위에 맴돌고, 낮게 떠 있다면 그림자가 땅을 가로질러 길게 펼쳐지기 때문이에요.

뜨고 질 때의 해의 모양은 녹고 있는
아이스크림처럼 보여요. 음, 맛있겠다!

　지구가 회전하고 태양이 지평선 아래로 사라지기 시작해요. 시간이 지나면서 하늘은 빨간색, 주황색, 황금색, 분홍색으로 변해요. 햇빛이 공기를 통해서 흩어지기 때문이에요.
　해가 지기 시작하면 밤이 깊어지기 전에 잠시 동안 땅거미가 져요. 곧이어 완전히 어두워지고 구름만 없다면 하늘에 달이 빛나고 별이 반짝거리는 것을 볼 수 있어요.

어두워질 때 주위를 찬찬히 살펴보면 무엇인가 바뀐 것을 알아차릴 수 있어요. 꽃들은 차가운 공기로부터 스스로를 보호하기 위해 꽃잎을 오므립니다. 그리고 낮에 거의 만날 수 없었던 동물들이 모험을 떠나지요. 먹잇감을 찾아 나들이를 나선 야행성 동물들과, 이 동물들을 잡으려고 노리는 올빼미와 같은 밤의 사냥꾼들이 활동을 시작해요. 여름밤에는 반딧불이가 나타나 짝을 찾아요. 반딧불이들은 짝에게 멋지게 보이려고 작은 횃불처럼 빛을 냅니다.

반딧불이는 꽁무니에서 빛을 낸답니다!

우리가 함께 생활하는 반려동물 중에도 야행성 동물이 있어요. 여러분이 자려고 할 때 햄스터가 그렇게 격렬하게 달리는 이유를 이제 알겠지요?

뱅글 뱅글 뱅글!

지구는 돌고 돌아요. 밤이 새벽이 되고 야행성 동물들은 쉬기 위해 보금자리, 둥지 그리고 굴로 돌아갑니다. 별이 사라집니다. 태양이 뜹니다.

꽃들이 다시 피어납니다. 새들도 노래하기 시작하네요. 낮에 활동하는 동물들은 잠에서 깨어나기 시작합니다. 사람들도 마찬가지입니다. 태양이 모두에게 일어날 때를 알려 줍니다.

하얀 밤

여름에는 태양이 겨울보다 일찍 뜨고 늦게 집니다. 우리가 어디에 살고 있는지에 따라 잠에서 깨었는데도 밖이 여전히 어두울 수도 있고, 잠자리에 들 시간인데도 밖이 여전히 환할 수 있어요. 마치 영국의 시인 로버트 루이스 스티븐슨이 쓴 〈여름날의 잠자리〉라는 시처럼 말이죠. 로버트 루이스 스티븐슨은 《보물섬》, 《지킬 박사와 하이드》를 쓴 소설가이기도 해요.

"겨울에는 밤인데 일어납니다.
노란 등불 아래서 옷을 입어요.

여름에는 완전히 반대랍니다.
낮인데도 잠자러 가야만 해요."

계절에 따라 낮의 길이가 다른 이유는 무엇일까요? 지구는 자전축을 중심으로 회전해서 낮과 밤을 만들어요. 지구는 태양 주위를 크게 돌고 있기도 해요. 지구의 자전축은 약간 기울어져 있는데, 우리가 살고 있는 부분이 태양 쪽으로 기울어져 있으면 낮이 더 길고 따뜻해져요. 이때가 여름이에요. 우리가 살고 있는 부분이 태양의 반대 쪽으로 기울어져 있으면 낮은 더 짧고 추워져요. 이때가 겨울이고요.

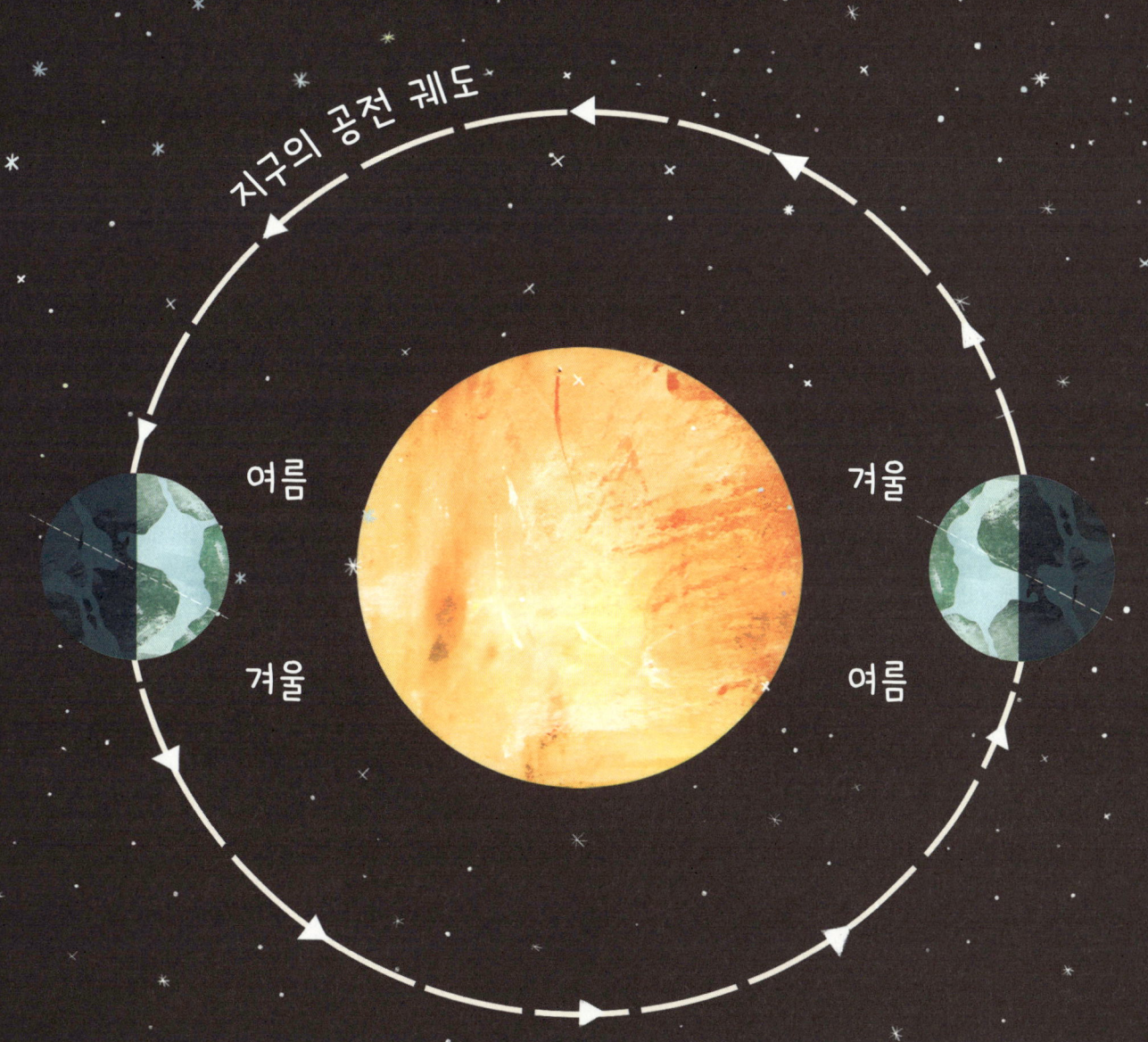

1년 중 낮이 가장 길고 밤이 가장 짧은 날을 '하지'라고 해요. 낮이 가장 짧고 밤이 가장 긴 날은 '동지'라고 하고요. 우리나라에서 하지는 매년 6월 21일, 동지는 매년 12월 21일 즈음이에요. 복잡하죠?

지구의 기울기 때문에 지구의 북쪽은 12월 21일이 동지이지만, 남쪽은 하지가 됩니다! 그래서 독일이 겨울일 때 오스트레일리아는 여름이 됩니다.

오스트레일리아의 1월   **독일의 1월**

스웨덴, 노르웨이, 그린란드, 아이슬란드, 핀란드와 같은 나라는 여름날이 정말 깁니다. 태양이 밤 11시가 넘어도 떠 있어요. 알래스카 북부와 같은 북극에 가까운 지역에서는 태양이 지평선 아래로 떨어지지 않아요. 하루 종일 밝은 낮이 이어집니다. 그래서 '백야의 땅'으로 알려져 있어요. '백야'는 '하얀 밤'이라는 뜻이에요.
　물론 겨울에는 그 반대가 되지요. 태양이 지평선 위로 떠오르지 않아서 하루 종일 깜깜해요.

아주 오래전부터 사람들은 동지나 하지와 같은 절기를 특별하다고 믿었어요. 오늘날에도 세계 곳곳에서 이날 축제를 열어 기념하고 있어요. 스웨덴에서는 1년 중 낮이 가장 긴 날을 '한여름'이라는 뜻의 '미드소마'라고 불러요. 이 날은 국경일이기도 해요. 스웨덴 사람들은 꽃 왕관을 쓰고 노래를 부르며 미드소마 기둥을 빙빙 돌면서 춤을 춥니다.

북아메리카의 주니족과 호피족 사람들은 1년 중 해가 가장 짧은 날인 동지를 '소얄'이라고 불러요. 이 날을 기념하면서 카치나 영혼에게 태양을 되찾아 달라고 기도한답니다.

우리나라를 비롯해 중국, 타이완, 일본과 같은 아시아 지역에서는 동지에 가족과 특별한 음식을 먹으면서 보내요. 우리나라에서는 건강과 평안을 기원하는 의미로 팥죽을 먹고, 중국과 타이완에서는 동그란 찹쌀떡인 탕위안을 만들어 먹어요.

이란에서 동지는 '얄다'라고 부르는 명절이에요. 어떤 사람들은 아침 해를 맞이하기 위해 밤새도록 깨어 있기도 해요.

전 세계의 많은 사람들이 축하하는 또 다른 절기 축제로 크리스마스가 있어요! 예수님의 탄생일은 성경 어디에도 나와 있지 않아요. 역사학자들은 교회를 처음 세운 사람들이 동지와 가까웠다는 이유로 12월 25일로 결정했을 것이라고 생각해요. 이날은 전 세계의 많은 사람들이 기념하고 있는 큰 명절이 되었어요.

북극광

북극에 가까운 나라는 겨울이 길고 겨울의 낮이 짧아요. 이 나라에서도 가장 북쪽에 사는 사람들은 때때로 특별한 광경인 북극광을 볼 수 있어요. 북극광은 하늘을 가로질러 이동하는 빛의 띠를 말해요. 일반적으로 황록색이지만 때때로 파란색, 보라색 또는 분홍색을 띱니다. 북극광은 '오로라'라고도 해요.

북극광은 대체로 광선이나 띠, 커다란 원과 같은 모양이에요. 때로 아치, 왕관, 커튼처럼 보일 수도 있어요. 북극광은 1년 내내 밤과 낮 구별 없이 발생하지만, 대부분 햇빛에 가려서 사람들이 보기 힘들어요. 북극광을 보기에 가장 좋은 시기는 늦가을, 겨울 또는 초봄의 맑은 밤입니다. 사람들은 오직 북극광을 보기 위해서 특별한 여행 계획을 세우기도 해요. 북극광을 잘 보려면 알래스카, 그린란드, 아이슬란드, 러시아 북부, 노르웨이, 스웨덴, 핀란드 같은 곳으로 가야 해요. 이곳에서는 들판에서 야영을 하면서 북극광을 볼 수 있어요.

북극광은 왜 생기는 것일까요? 네, 태양 때문이에요! 태양에서 부는 바람을 태양풍이라고 하는데, 이 입자의 바람이 우주를 건너와서 지구에 에너지를 전달해요. 지구의 북극과 남극은 자석과 같은 힘이 있어요. 그래서 태양풍의 입자를 끌어당기는데, 이 입자들이 지구를 둘러싸고 있는 공기와 만나서 에너지를 빛으로 바꾸어 보여 주어요. 이 현상이 바로 북극광이에요.

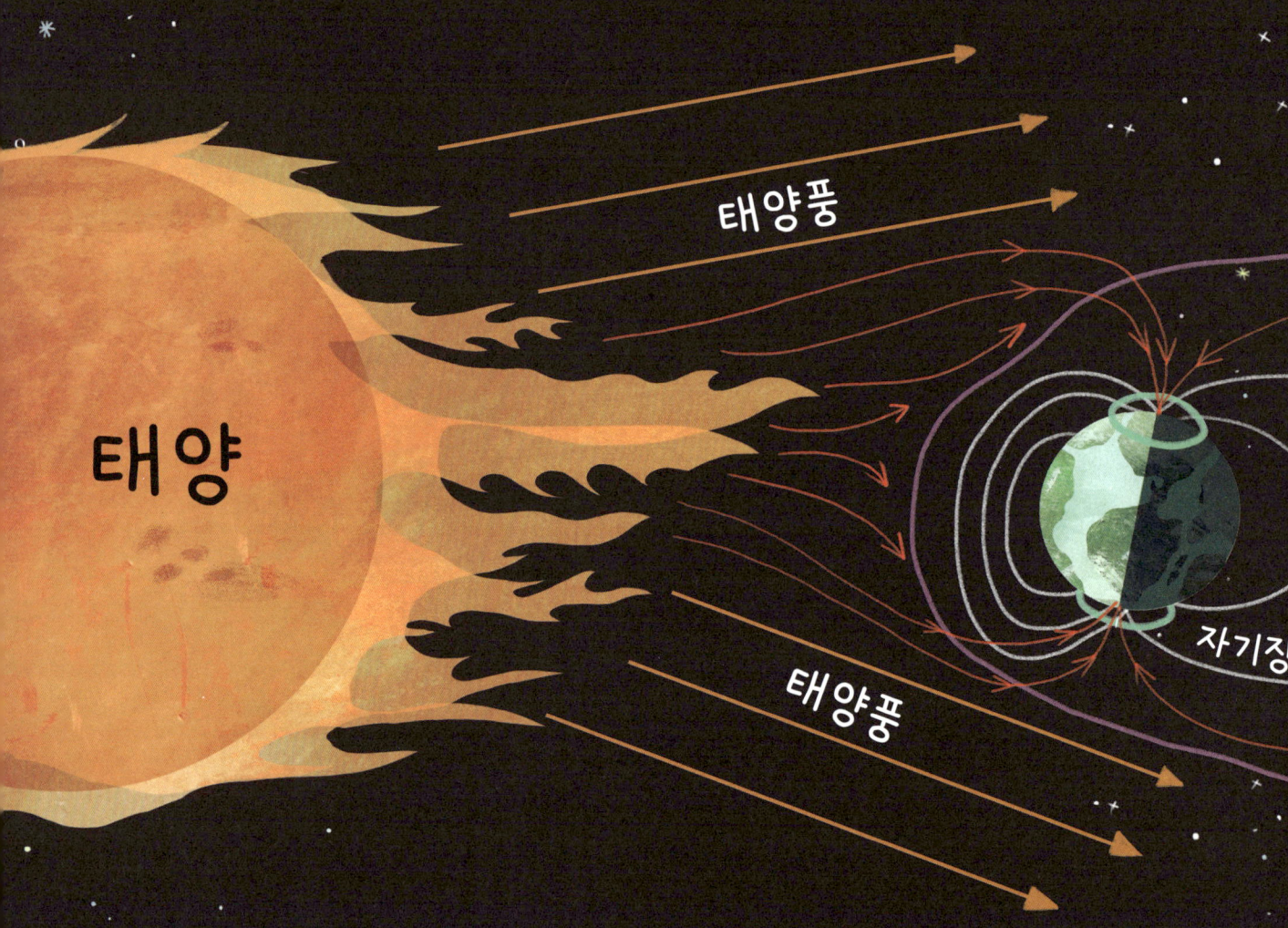

북극광 같은 것이 남극 지역에서도 나타나요. 이것을 '남극광' 또는 '오스트레일리아 오로라'라고 불러요. 남극광은 북극광과 거의 동시에 나타나요. 마치 거울에 비친 것처럼 말이죠.
　북극광의 소리를 들었다고 주장하는 사람들도 있어요. 빛이 일렁일 때 흔들리거나 탁탁거리는 소리를 낸다고도 하죠. 북극광이 왜 소리를 내는지는 아직도 수수께끼로 남아 있답니다.

북극광

남극광

북극광이 생기는 행성은 지구 말고도 또 있어요. 목성, 토성, 천왕성, 해왕성에도 발생하죠. 태양 덕분에 지구와 태양계의 다른 행성에서도 밤하늘에 아름다운 빛의 축제가 펼쳐져요.

별나라 여행

밤하늘은 별들로 가득해요. 스스로 빛을 내는 우주 속의 천체를 별이라고 해요. 지구에서 보면 별들은 모두 비슷해 보여요. 작고, 하얗고, 반짝반짝 빛나지요. 우리가 우주로 날아가 별을 가까이에서 볼 수 있다고 상상해 보아요. 확실히 다르게 보일 거예요! 우리가 도착할 첫 번째 별은 태양이에요.

맞아요, 태양은 별이에요. 그것도 꽤 평범한 별이랍니다. 가장 크거나 작지도 않고, 가장 뜨겁거나 차갑지도 않으며, 가장 오래되었거나 가장 최근에 생긴 별도 아니에요. 태양은 약 50억 년 동안 존재했으며 아마 앞으로도 50억 년 더 빛날 거예요. 다행이에요! 우리는 빛, 열, 에너지 등을 포함한 많은 것들을 태양으로부터 얻으니까요.

가장 오래된 별은 약 130억 년 전에 태어났어요. 막내 별은 여러분보다 더 어려요. 지금도 새로운 별이 계속 태어나고 있기 때문이죠. 과학자들은 1초에도 별이 몇 천 개씩 태어난다고 추측하고 있어요.

태양은 우리 태양계의 중심이며, 하나밖에 없는 별이에요. 좀 특이한 경우랍니다. 보통 별들은 쌍을 이루고 서로 또는 무리를 지어 주위를 회전하거든요. 태양은 외롭게 빛나는 별이에요.

밤하늘에서는 별이 하얀색으로 보이지만, 실제로는 여러 가지 색을 띠고 있어요. 우리는 파란색을 얼음처럼 차갑고 붉은색을 불처럼 뜨겁게 생각하는 경향이 있는데, 별에서는 반대로 파란색이 가장 높은 온도의 별이고, 빨간색이 가장 낮은 온도의 별이에요.

우리 태양은 노란색을 띠고 있어서 황색 왜성으로 분류되는 별이에요. 지구보다 크지 않고 흰색을 띠는 백색 왜성도 있는데, 별의 생명이 끝날 때 만들어져요. 태양보다 수백 배 더 큰 거성이거나 초거성이라는 별도 있어요!

베텔게우스

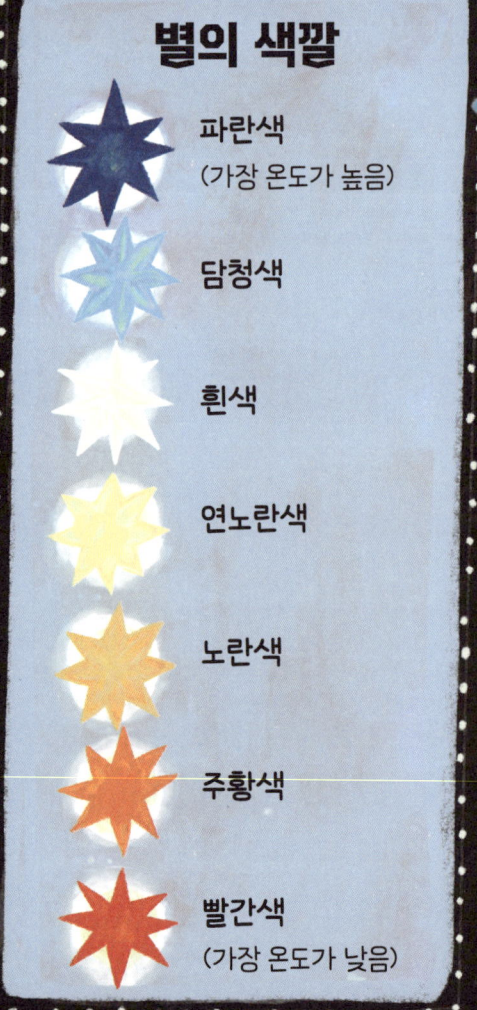

별의 색깔

파란색
(가장 온도가 높음)

담청색

흰색

연노란색

노란색

주황색

빨간색
(가장 온도가 낮음)

오리온의 허리띠

오리온 성운

리겔

별에는
많은 층이 있어요.
그 중심을 핵이라고 해요.
핵은 복숭아의 씨같이 생겼지만
어마어마하게
뜨겁답니다.

반짝 반짝 작은 별?
우주에서는 전혀 아니랍니다.
우주에서 별은 작지도 않을 뿐만 아니라
반짝거리지도 않아요. 밤하늘에서
우리가 보는 별이 반짝거리는 것은
지구를 둘러싸고 있는 공기
때문이에요.

별은 땅처럼 단단하지 않기 때문에 지구에서처럼 별 위를 걸을 수는 없어요. 별들은 공기와 같은 기체로 이루어져 있거든요. 이 기체는 매우 잘 타기 때문에 별은 엄청 뜨겁습니다! 실제로 별은 불타는 기체로 이루어진 거대한 덩어리랍니다.

우리처럼 별도 시간이 지나면서 변해요. 아기별도 거대한 별로 성장할 수 있어요. 때때로 별이 폭발하면 별 조각이 우주 공간을 가로질러 날아갑니다. 이 조각들은 새로운 별이나 행성의 재료가 되지요. 폭발하는 별은 블랙홀이 될 수도 있어요. 중력이 너무 강해서 주변의 모든 것을 받아들이는 것을 '블랙홀'이라고 해요.

별의 한살이

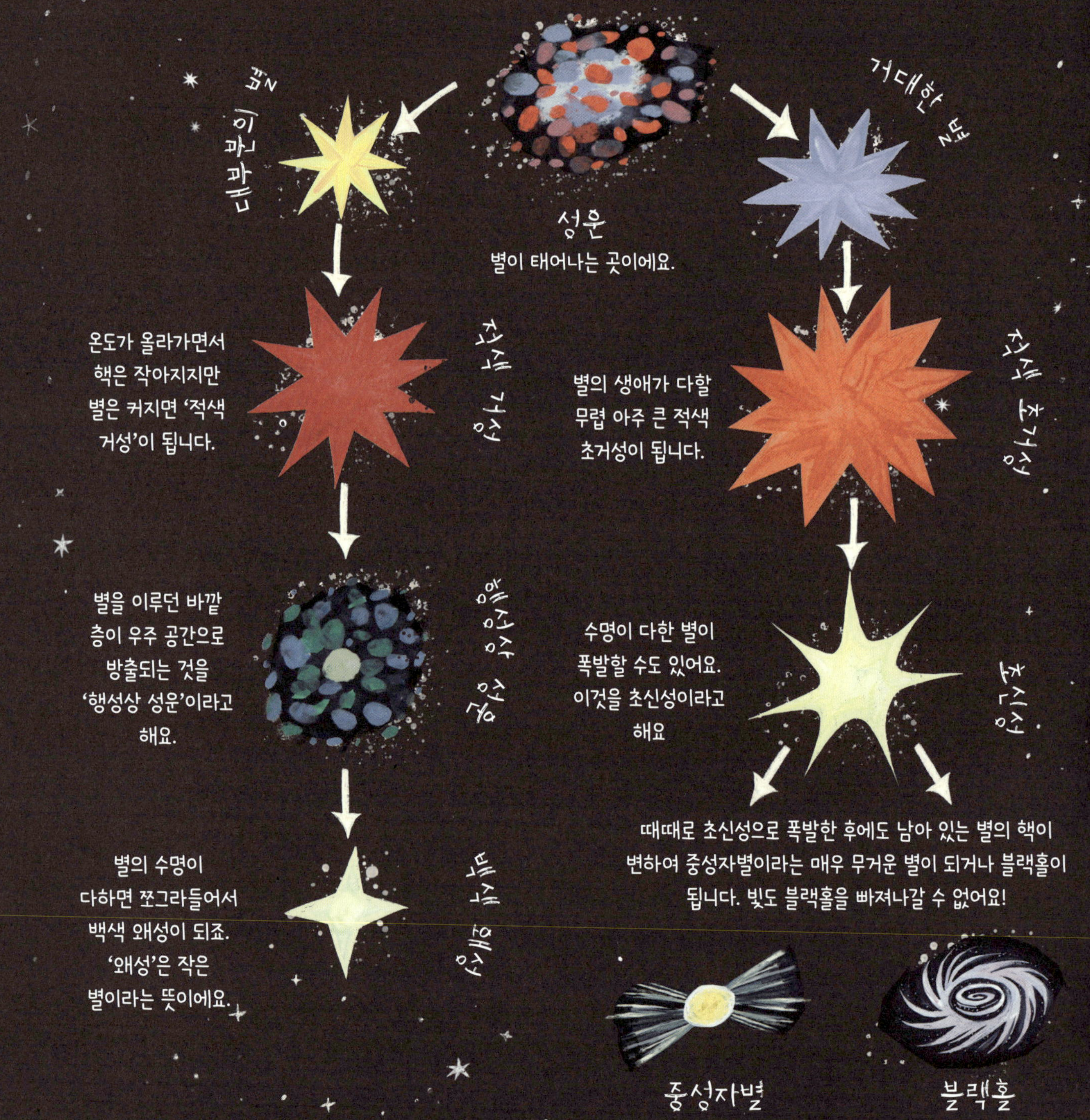

성운
별이 태어나는 곳이에요.

온도가 올라가면서 핵은 작아지지만 별은 커지면 '적색 거성'이 됩니다.

별의 생애가 다할 무렵 아주 큰 적색 초거성이 됩니다.

별을 이루던 바깥 층이 우주 공간으로 방출되는 것을 '행성상 성운'이라고 해요.

수명이 다한 별이 폭발할 수도 있어요. 이것을 초신성이라고 해요.

별의 수명이 다하면 쪼그라들어서 백색 왜성이 되죠. '왜성'은 작은 별이라는 뜻이에요.

때때로 초신성으로 폭발한 후에도 남아 있는 별의 핵이 변하여 중성자별이라는 매우 무거운 별이 되거나 블랙홀이 됩니다. 빛도 블랙홀을 빠져나갈 수 없어요!

중성자별

블랙홀

태양 다음으로 지구에서 가장 가까운 별은 무엇일까요? 켄타우루스 자리의 알파 별이에요. 태양과 지구처럼 우리 은하 안에 있지요. 태양이 들어 있는 은하를 '우리 은하'라고 부르는데, 우리 은하에는 별이 수십억 개나 있어요. 그런데도 우리 은하는 우주에 있는 많은 은하 가운데 하나일 뿐이에요. 지구에서 보이는 우리 은하를 우리는 '은하수'라고 불러요.

우주는 모든 별, 행성, 달, 공간, 은하, 나, 돌고래, 지금 읽고 있는 이 책, 심지어 시간까지, 존재하는 모든 것을 포함해요. 우주는 끊임없이 변화하고 성장하고 있어요. 오래된 별은 죽어 가고 새로운 별이 탄생하지요. 태양을 제외한 모든 별은 우리에게서 아주 멀리 떨어져 있어요. 다른 별에서 보낸 빛이 우리에게 도착하는 데에는 몇 년이 걸린답니다. 태양의 빛이 8분이면 지구에 도착하는데 말이죠. 지구 가까이에 이런 소중한 별이 있다는 것은 아주 운이 좋은 거예요!

별 보기

시간이 흐르면서 별을 보는 방법도 발전해 왔어요. 수천 년 전에도 별을 관찰했지만, 수백 년 전까지만 해도 사람들은 오직 눈으로만 별을 볼 수 있었어요. 눈으로 볼 수 있는 것은 겨우 태양, 달, 금성이나 화성 같은 행성, 별자리를 이루는 큰 별들 정도였지요.

점차 사람들은 별을 더 크게 볼 수 있는 새로운 방법을 찾았어요. 가장 만족스러운 방법은 바로 망원경을 활용하는 것이었어요. 망원경은 렌즈나 거울(반사경)을 여러 개 조립해서 멀리 있는 것을 가깝게 보게 만든 도구입니다. 한번 상상해 보아요! 사람들이 망원경을 통해서 그동안 볼 수 없었던 우주의 새로운 별들을 발견했을 때 얼마나 놀랐을까요?

최초의 망원경은 1600년대 초 네덜란드에서 발명되었어요. 몇 년 후 갈릴레오 갈릴레이라는 이탈리아 과학자가 훨씬 기능이 좋은 자신만의 망원경을 만들었지요. 갈릴레오는 그의 망원경으로 밤하늘을 올려다보고 우주의 온갖 것을 발견했어요. 갈릴레오는 눈으로만 볼 수 있던 것보다 훨씬 더 많은 별이 있다는 것을 알게 되었답니다. 당시 사람들은 지구가 우주의 중심에 있다고 믿고 있었는데, 갈릴레오는 지구가 태양을 중심으로 돌고 있다는 사실을 발견해서, 지구가 우주에서 차지하는 위치에 대한 사람들의 상식을 바꿔 놓았어요.

　사람들은 갈릴레오를 믿고 싶지 않았어요. 갈릴레오의 말은 지구가 우주의 중심이라고 굳게 믿어 왔던 로마 가톨릭교회의 가르침에 어긋났기 때문이었죠. 갈릴레오는 그의 이론을 책으로 남겼고, 수백 년 동안 유럽 여러 나라에 알려져 우주를 발견할 수 있는 길을 닦았습니다.

갈릴레오 시대 이후로 망원경은 계속 발전했어요. 크기도 커졌지요. 가장 큰 망원경은 천문대에 있어요. 천문대는 별, 혜성, 행성과 같이 우주에 있는 모든 것을 연구하는 연구소를 말해요. 천문대는 보통 도시에서 멀리 떨어진 곳에 지어요. 도시는 건물과 사무실, 가로등과 자동차에서 내는 빛 때문에 우주를 관찰하기에는 너무 밝아요. 별을 잘 보려면 어둡고 맑은 하늘이 있는 곳이 좋아요.

어떤 천문대는 사막에 있어요.

높은 산 속에 있기도 하고요.

멀리 떨어진 외딴섬에 있기도 해요.

그리고 심지어 우주에 떠 있기도 하죠.

우주 천문대에서는 멋진 광경을 볼 수 있지만, 문제가 발생하면 수리하기가 힘들어요!

천문대를 방문하면 그곳에서 일하는 천문학자들을 만날 수도 있어요. 별과 우주를 연구하는 과학자를 '천문학자'라고 해요.

　우주에 대한 우리의 지식을 넓혀 준 유명한 과학자는 갈릴레오 갈릴레이, 아이작 뉴턴, 알베르트 아인슈타인, 스티븐 호킹 등이 있습니다. 하지만 이 유명한 과학자들도 모든 것을 밝혀내진 못했어요. 우주에는 여전히 많은 비밀이 빛나고 있고, 천문학자들은 그 비밀을 풀기 위해 노력하고 있답니다.

별들의 이야기

옛날 사람들이 밤하늘을 바라보았을 때 별들 사이에서 어떤 모양을 발견했어요. 사람들은 이 모양을 동물, 신, 영웅과 같이 이미 알고 있는 것과 연결해서 이야기를 만들었어요. 이렇게 정리된 별들의 모양을 별자리라고 해요. 약 100년 전, 과학자들이 모여 별자리 88개를 공식적으로 정해서 모든 사람들이 이 방식으로 별을 찾을 수 있게 했답니다.

북반구

우리가 보는 별자리는 별을 보는 우리의 위치와 날짜, 시간에 따라 달라져요. 우리가 북반구에 있다면, 지구의 남반구에 뜬 것과는 다른 별들을 보게 되는 거예요.

지구의 북쪽과 남쪽에서 볼 수 있는 유일한 별자리는 오리온자리예요.

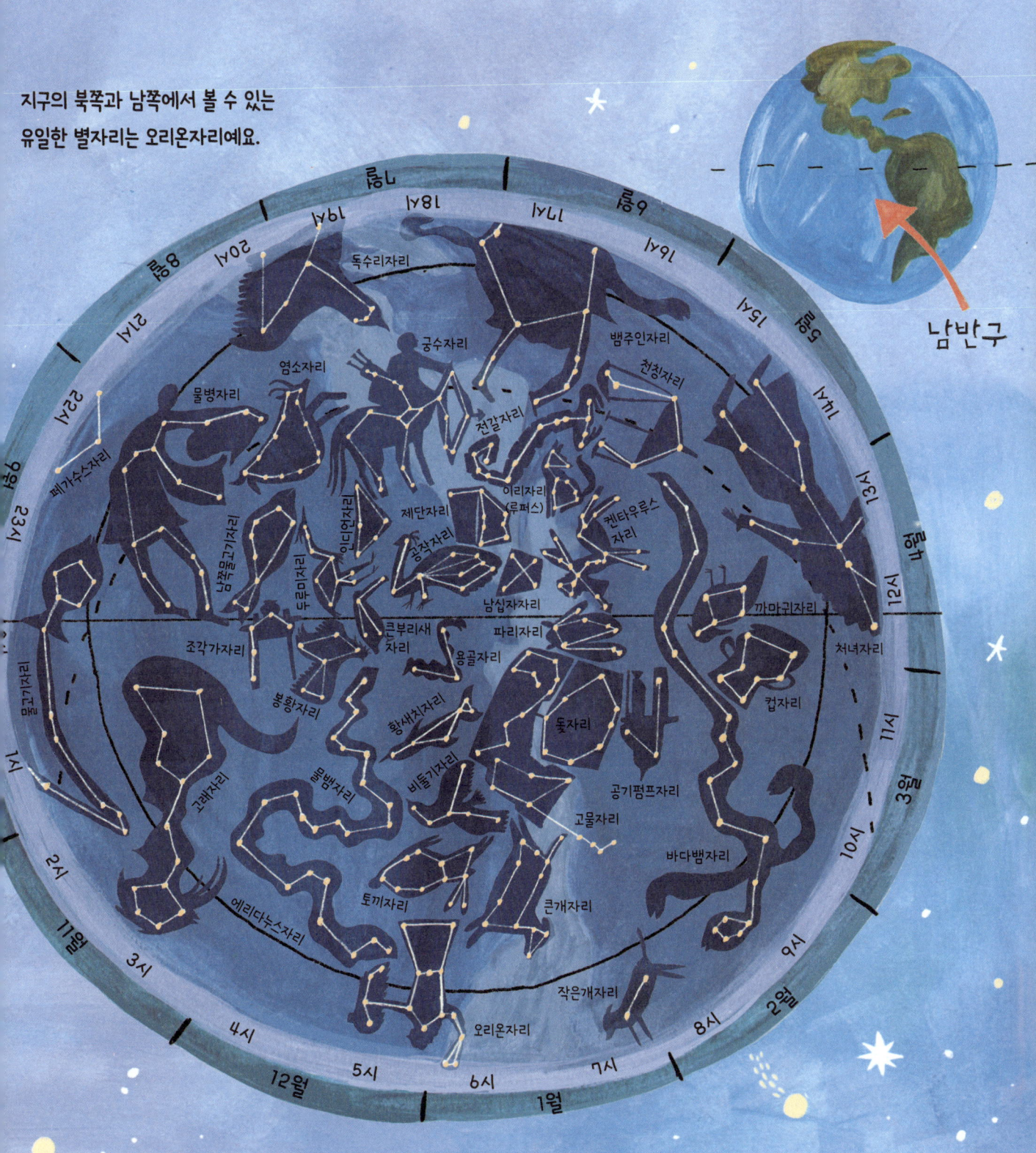

지난 역사를 살펴보면, 사람들은 밤하늘에서 본 별자리에 대한 이야기를 계속 만들어 왔어요. 고대 그리스 사람들은 신화 속 인물들의 이름을 따서 별자리 이름을 지었어요. 페가수스는 날아다니는 말이고, 오리온은 몽둥이와 방패를 들고 있는 거대한 사냥꾼이며, 사자는 가장 유명한 고대 그리스 영웅 중 한 명인 헤라클레스가 물리친 사자를 말해요. 그리스 사람들이 지은 이름은 지금도 별자리 이름으로 쓰이고 있답니다.

'오리온의 허리띠'는 별이 모인 것이에요. 완전한 별자리는 아니에요.

아프리카 남부에 사는 사람들도 별에서
동물을 보았어요. '남십자성'으로 알려진 별자리에서는
기린 4마리를 보았지요.

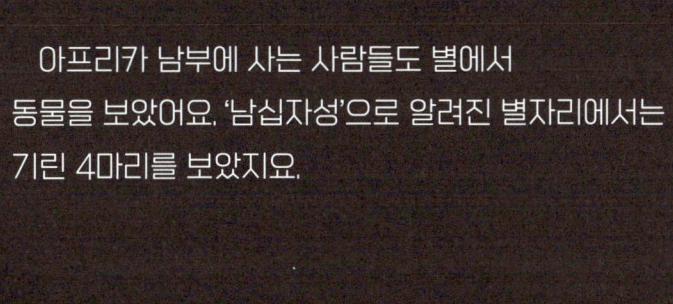

그들은 '오리온의 허리띠'로 알려진
별 무리를 사냥꾼에게서 도망치는
얼룩말 3마리로 보았어요.

남반구에 해당하는 고대 오스트레일리아 사람들은 은하수에서 보이는 어두운 구름을 하늘에 떠 있는 거대한 에뮤로 보았어요. 그리고 그 에뮤가 나무에 기어올라서 숨어 있는 보냐라는 주머니쥐를 쫓고 있는 것처럼 보았지요.

별에 관한 이야기는 사람들이 신비한 밤하늘을 이해하는 데 도움이 되었어요. 그리고 그 이야기가 대대로 전해져 오고 있답니다.

별자리를 발견하고 싶다면 맑은 밤에 언제든지 하늘을 바라보면 됩니다. 별을 관찰할 때에는 주의할 점이 몇 가지 있어요. 우선, 어른들에게 도움을 요청하는 것을 잊지 마세요!

✦ 어두워질 때까지 기다리고, 밝은 조명에서 멀리 떨어져야 해요. 우리의 눈이 어둠에 익숙해질 때까지 기다려요.

✦ 높이 올라가야 해요. 고층 건물이 하늘을 가리기도 하니까요. 높은 곳일수록 더 넓은 하늘을 볼 수 있어요.

✦ 날씨를 꼭 확인해요. 맑은 하늘이 별을 보기에 좋아요. 비가 오거나 눈이 오는 밤에는 나갈 필요가 없어요. 구름 때문에 별을 볼 수 없거든요.

✦ 너무 어두우면 손전등을 빨간색 셀로판지로 덮고 고무줄로 묶어 빨간색 조명을 만들어요. 빨간색 조명은 어둠 속에서도 길이나 물건을 찾을 수 있게 도와주지만, 별을 보려고 어둠에 익숙해진 눈을 눈부시게 하지 않아요.

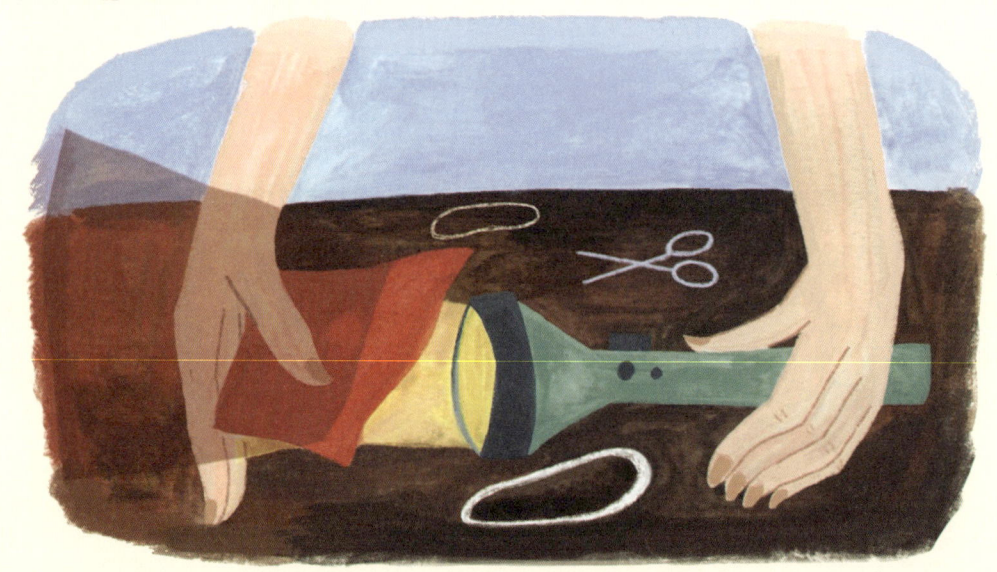

✦ 따뜻하게 입어요! 춥고 맑은 겨울의 밤하늘이 별을 관찰하기에 가장 좋거든요.

✦ 보름달이 떴을 때에는 안 나가는 게 좋아요. 보름달은 워낙 밝아서 별을 보기가 어렵답니다. 달이 없는 밤이거나 가장 어두울 때가 좋아요.

✦ 별자리 지도를 챙겨요. 별자리 지도는 우리가 별을 관찰할 때 어떤 별이 보이는지 알 수 있게 도와줄 거예요. 책에서 별자리 지도를 찾거나, 인터넷에서 찾아 인쇄하거나, 스마트폰의 별자리 앱을 내려받을 수도 있어요. 별자리를 잘 아는 어른에게 물어보면 더 좋아요.

달을 보아요

밤에 커튼을 통해 흘러든 은빛을 본 적이 있나요? 커튼을 젖히면 보름달을 볼 수 있을 거예요. 밤하늘에서 가장 밝게 빛나는 달은 지구만큼이나 오래되었답니다.

지구는 달보다 4배 더 커요. 지구를 농구공이라고 볼 때 달은 테니스공 크기 정도죠. 달은 지구가 어렸을 때인 태양계 초기에 탄생했어요. 천문학자들은 45억 년 전에 지구와 테이아라는 행성이 서로 충돌했다고 생각해요.

어마어마한 충돌이 일어난 다음 지구와 테이아는 하나의 행성이 되었고 충돌 과정에서 발생한 가스, 먼지, 바위 조각들이 구름처럼 우주로 솟아올랐어요. 온도가 내려가기 시작하자…

슈웅!

위잉!

가스, 먼지, 바위 조각들이 어린 지구 주위를 아주아주 빠르게 돌기 시작했어요.

지구 주위를 돌던 조각들은 서로 부딪치는 과정에서 중력에 의해 서로 붙기 시작했고 점점 다른 조각들도 달라붙으면서 어린 달이 되었어요. 조각들이 다 달라붙은 달은 큰 공처럼 굳어졌어요.

어떤 과학자들은 이것을 **빅 스플랫 이론**이라고 부릅니다!

지구에서 바라본 달은 대리석처럼 부드럽고 둥글게 보여요. 하지만 아주 맑은 밤에 눈을 크게 뜨고 살펴보면 지난 수십억 년 동안 우주 암석과 충돌한 흔적들을 발견할 수 있어요. 충돌로 거대한 산과 '분화구'라고 불리는 웅덩이가 엄청나게 생겨났어요. 더 어두운 부분은 '바다'라고 불러요. 한때 천문학자들은 달에 물이 있었지만 말랐다고 생각했어요. 지금은 그렇지 않다고 생각해요. 42억 년에서 12억 년 사이에 달이 아직 어렸을 때, 화산이 뜨거운 용암을 분출했어요. 그 용암이 식어서 달의 바다가 만들어졌답니다.

달에서 산과 분화구를 제외하고는 다른 것은 별로 찾을 수가 없어요. 나무나 물, 구름을 찾고 있다면 일찍 포기하는 것이 좋아요. 달의 북극과 남극의 분화구에서 아주 적은 양의 고대 얼음을 발견할 수 있지만 그밖에는 아무것도 없어요. 달은 돌로 만든 공처럼 생겼지만, 가까이에 가 보면 오래된 먼지와 잘게 부서진 바위 조각들로 덮여 있어요.

달의 밤은 상상 이상으로 춥고, 태양이 비추는 낮에는 섭씨 120도까지 올라가기 때문에 무척 뜨겁죠. 달에는 공기가 없기 때문에 우주인이 달 표면을 걸을 때는 특별한 옷을 입어야 해요.

물도, 구름도, 공기도, 생명도 없는 달이 수십억 년 동안 변함없이 지구의 밤하늘을 밝게 비추고 있어요.

달은 지구를 바라보면서 돌기 때문에 지구에서는 달의 한 면만 볼 수 있어요. 우리를 마주하는 면을 '앞면'이라고 부르고, 우리가 볼 수 없는 달의 뒤쪽을 '뒷면'이라고 불러요. 달의 앞면이 밝으면 뒷면은 어두워요. 반대로 앞면이 어두울 때는 뒷면이 밝아요. 밝은 부분과 어두운 부분이 만나는 경계선은 '명암 경계선'이라고 불러요.

달은 밤하늘에서 밝게 빛나지만 스스로 빛을 내지는 않아요. 우리가 보는 빛은 달에 반사되는 햇빛이랍니다.

달은 우주에서 매우 천천히 회전해요. 스스로 한 바퀴 도는 데 약 27일이 걸리죠. 달은 궤도라는 여행길을 따라 지구 주위를 돌고 있답니다. 달이 지구 궤도를 한 바퀴 도는 데도 약 27일이 걸려요.

매일 조금씩 달의 모양이 바뀐다는 걸 알아요? 때로는 달이 은쟁반처럼 동그랗게 보여요. 또 다른 날은 밝게 빛나는 눈썹 같기도 하지요. 이것은 빛의 마술이에요. 달이 지구 주위를 도는 동안 태양 빛을 반사하는 부분이 달라져요. 우리에게 보이는 달의 모양을 '달의 위상'이라고 해요.

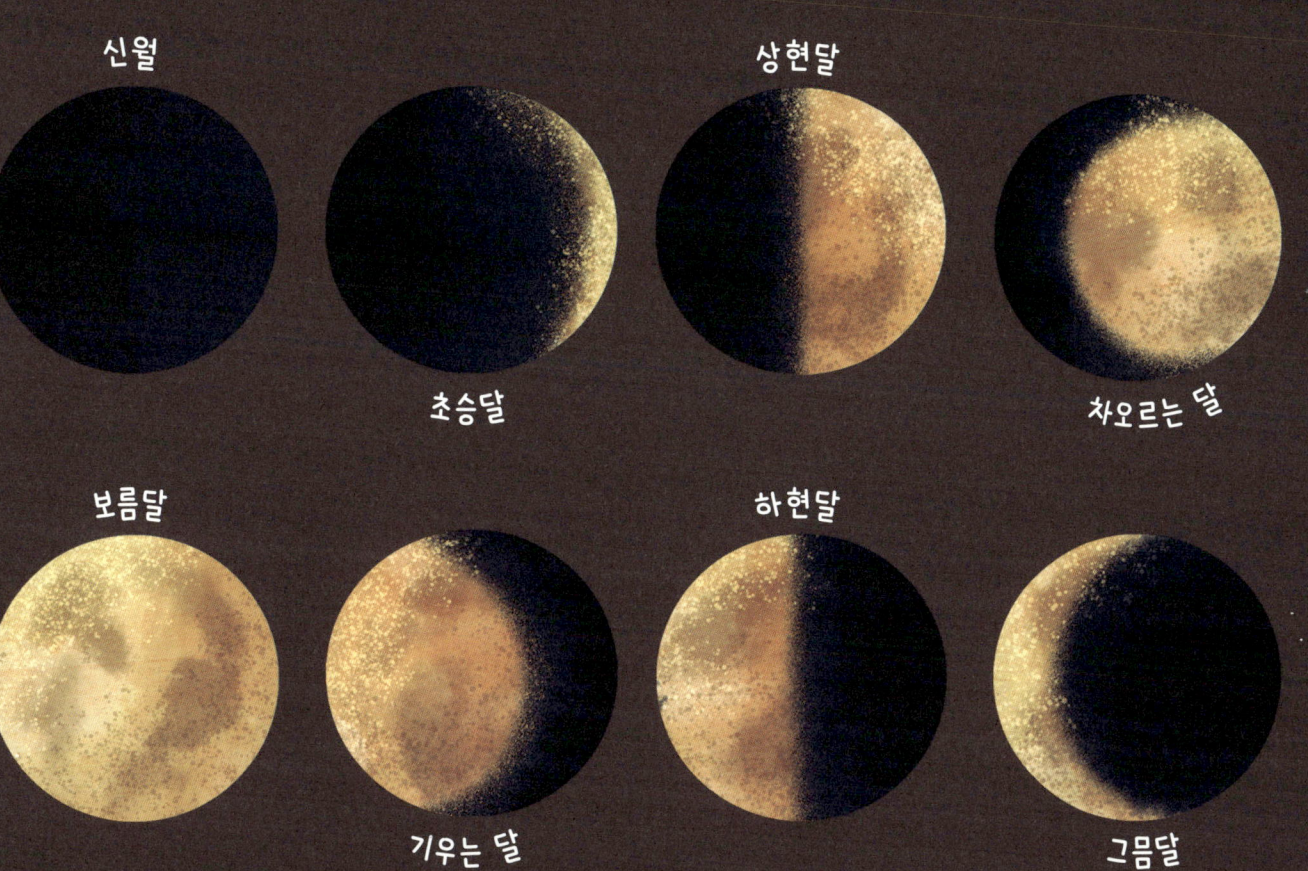

태양이 달의 뒷면 전체를 비추면 우리를 향한 쪽은 어둡게 보여요. 이때를 '신월' 또는 '삭'이라고 해요. 며칠 지나면 달이 흰 눈썹처럼 보입니다. 네! 바로 초승달이에요.

상현달은 우리가 바라보는 달의 약 절반이 밝아질 때를 말해요. '차오르는 달'은 달의 절반 이상이 밝아지면서 커지는 것처럼 보일 때예요. 반대로 작아지는 것처럼 보일 때는 '달이 기운다'고 하죠. 보름달은 태양이 지구를 마주 보고 있는 달 전체를 비출 때 보여요. 오늘 밤 어떤 달이 뜰지 궁금하지요?

달을 향한 여행

약 400년 전 이탈리아 파도바라는 마을에 갈릴레오 갈릴레이라는 사람이 살았어요. 파도바에 있는 대학의 교수였는데 수학을 좋아했지요. 시간이 나면 달과 밤하늘을 연구했어요.

1609년 가을 저녁, 갈릴레오는 새로 만든 성능 좋은 망원경으로 달을 바라보았어요. 갈릴레오는 달의 모습에 깜짝 놀랐어요. 달의 표면은 많은 사람들이 생각했던 것처럼 매끄럽지 않았습니다. 달에 산과 분화구가 있었거든요!

그전까지는 아무도 달을 그렇게 자세히 본 적이 없었어요. 갈릴레오는 자신이 본 것을 그림으로 그렸어요. 달의 실제 모습을 보여 주는 최초의 그림이었어요.

갈릴레오가 망원경을 통해 달을 본 지 약 300년 후, 미국의 로버트 고다드라는 과학자가 우주에 올라가는 꿈을 말했어요. 로켓을 이용하면 사람을 우주로 보낼 수 있다고 생각했지요. 당시 많은 사람들은 고다드가 미쳤다고 생각했어요. 아무도 우주에 가 본 적이 없었으니까요!

고다드는 세계 최초로 액체 연료 로켓을 발명했고, 1926년에 로켓을 발사했어요. 이 로켓은 우주까지는 올라가지 못했고 사람도 탑승하지 않았지만, 다른 발명가들에게 매우 중요한 영감을 주었답니다.

고다드 다음에 많은 사람들이 로켓을 만들어서 우주로 보냈어요. 그렇지만 사람이 탑승했던 로켓은 없었지요. 1961년 러시아의 우주인 유리 가가린이 인공위성 보스토크 1호를 타고 지구 대기권에 올랐어요. 유리 가가린의 우주 여행이 성공하자 모두들 더 열심히 우주 여행을 준비했어요. 달로 여행을 가서 사람이 달 위를 걷는 데까지는 8년이 더 걸렸답니다.

닐 암스트롱과 버즈 올드린이 달에 미국 국기를 꽂았어요.

우주인은 극심한 더위와 추위로부터 몸을 보호하기 위해서 우주복을 입었어요. 우주에는 공기가 없기 때문에 우주복에 숨을 쉴 산소를 넣어 두었답니다.

1969년 7월, 미국의 우주선 아폴로 11호가 우주인 3명을 태우고 우주로 발사되었어요. 닐 암스트롱, 버즈 올드린, 마이클 콜린스가 타고 있었어요. 암스트롱은 착륙선을 타고 달 표면에 첫 발자국을 남겼고, 올드린이 그 뒤를 이었지요. 콜린스는 달 주위를 도는 사령선에서 대기하고 있었어요. 결국 사람을 우주로 보내겠다던 고다드의 꿈이 실현되었답니다!

"정말 멋진 광경이군!"

"독수리가 착륙했다!"

특수하게 설계된 달 착륙선이 암스트롱과 올드린을 달 표면에 내려 주었어요. 우주인들은 이 착륙선을 '독수리'라고 불렀지요.

우주인의 신발은 달에 선명한 발자국을 남겼어요. 이 발자국은 오늘날까지 여전히 남아 있답니다.

1969년의 그 역사적인 날 이후로 달 위를 걸었던 사람은 12명밖에 없어요. 하지만 사람들은 우주를 향한 놀라운 여행을 계속했어요. 심지어 몇몇 우주인은 우주 정거장에서 살고 있답니다. 지구 궤도에 있는 국제 우주 정거장에는 보통 6명이 생활할 수 있어요. 우주인들은 지구 궤도를 돌면서 중요한 실험을 하고 그 결과를 지구에 있는 과학자들에게 보내요.

2018년에 중국은 달 뒷면에도 우주선을 보냈어요. 곧 태양계 전체에서도 큰 편에 속하는, 거대한 달 분화구를 찍은 놀라운 사진이 지구에 도착했어요.

달 여행을 다시 시작하는 데에는 오래 걸리지 않을 거예요. 과학자와 천문학자들은 이미 달 마을을 짓는 것에 대해서도 이야기하고 있답니다. 달에 오래 쓸 수 있는 튼튼한 건물을 건설하면 과학자들은 그곳에서 실험을 할 수 있고, 우주인들은 다른 행성을 탐험하기 위한 기지로도 활용할 수 있어요. 달에서 화성까지 거의 아홉 달이 걸리는 긴 여행에도 도움이 될 거예요. 달에 사람들이 산다면 어떨지 상상해 보세요. 아마도 이렇게 보일 수도 있겠지요.

영구적인 우주 정거장이 건설되면 우주인들은 마치 기차를 타고 통근하는 사람들처럼 로켓을 타고 달까지 휙 갔다가 집으로 돌아올 수도 있을 거예요.

이 거대한 위성 접시 안테나는 무선 신호를 포착하고 사진을 찍어서 지구로 전송할 수 있어요.

달의 비밀

왜 우리는 달에 마음을 뺏기곤 할까요? 달의 신비로운 점 중 하나는 항상 변화무쌍한 모습을 보여 주는 것이지요. 때때로 붉게 빛나기도 하는 것처럼요.

태양

1년에 두 번 정도 아주 특별한 일이 발생해요. 지구와 달이 태양과 일직선을 이루는 것이지요. 이때 지구는 태양의 빛을 가려서 달에 길고 어두운 그림자를 남겨요. 이것이 바로 월식이에요. 월식이 일어나는 동안 달이 핏빛처럼 붉게 보여서 종종 '블러드문'이라고도 해요.

아주 오래전 사람들은 달을 보고 놀라워했어요. 달이 어디서 왔는지, 어떤 생물이 거기에 살고 있는지 궁금해했지요. 월식이 일어나서 달이 어두워지고 빨갛게 변하는 것을 볼 때마다, 사람들은 어떤 일이 일어날까 두려워했어요. 사람들은 이상한 현상을 설명하려고 이야기를 지어냈고, 그 이야기는 후대로 계속 전해졌어요.

지구가 태양의 빛을 가로막으면 달은 핏빛으로 보여요!

달 그림자

태양과 달 사이에서 지구가 서서히 이동하면서 드리운 그림자가 달의 표면을 가로질러 가요.

조상들이 전한 달에 대한 많은 이야기들은 사람들의 생활 속에 자취를 남겼고, 여전히 전 세계에서 전해지고 있어요.

중국에서는 '항아'라는 달의 여신 이야기가 전해져요. 어느 날, 항아에게 남편이 신비한 물약을 잠시 맡겼어요. 그 물약을 마신 사람은 영원히 살 수 있었죠. 그런데 남편이 자리를 비운 사이, 남편의 제자가 물약을 훔치려고 했어요. 항아는 제자의 도둑질을 막으려고 물약을 직접 마셔 버렸어요. 그렇게 해서 항아는 영원히 살 수 있게 되었고 달로 떠올라서 세계를 지켜보고 있다고 합니다.

약 500년 전에 살았던 남아메리카의 잉카 사람들은 달의 여신인 마마 킬야를 숭배했어요. 잉카 사람들은 월식이 일어났을 때 마마 킬야가 사나운 괴물의 공격을 받고 있다고 생각했지요. 잉카 사람들은 창을 흔들고 개들을 달을 향해 울부짖게 하여 달의 괴물에게 겁을 주었답니다.

바탐말리바족은 서아프리카의 토고와 베냉이라는 나라에 걸쳐 살아요. 바탐말리바족 사람들에게는 화가 난 마을 사람들이 서로 어떻게 싸웠는지에 대한 이야기가 전해 내려와요. 옛날에는 어머니들인 푸카푸카와 쿠이에코크가 싸움을 멈추려고 했지만 마을 사람들이 듣지를 않았어요. 어머니들은 일식과 월식을 일으켜서 태양과 달을 어둡게 만들었대요. 마을 사람들은 이것을 보고 너무 무서워서 싸움을 멈추고 화해를 했어요! 오늘날에는 일식을 가족, 친구, 이웃과 평화를 나누는 시간이라고 생각해요.

세상의 자장가들

태어나기 전에 엄마의 목소리를 들을 수 있다는 것을 알고 있었나요? 맞아요. 엄마가 아기를 갖고 여섯 달 정도 지나면, 아기는 멜론 정도로 자라요. 이 무렵에는 아기를 달래는 엄마의 목소리를 들을 수 있어요. 아기가 아직 소리를 듣지 못하더라도 작은 몸을 통해 어머니의 목소리가 울리는 것을 느낄 수 있답니다.

옛날부터 전 세계 사람들은 자장가를 불러서 아기를 편안하게 재웠어요. 부모들은 본능적으로 알고 있는 것을 최근에 과학자들이 증명해 냈어요. 엄마가 직접 불러 주는 노래가 실제로 아이들의 심장 박동 수를 늦추고 편안하게 쉬게 해 준다는 것을요.

엄마가 이 마술을 일으키기 위해서 꼭 아름다운 목소리를 가질 필요는 없답니다. 오로지 필요한 것은 사랑스럽고 부드러운 목소리와 박자가 있는 곡조예요. 아차, 그리고 꼭 안아 주기도 해야 해요. 나이가 먹었어도 언제나 노래는 위안이 됩니다. 만약 상처 받는 일이 있거나 잠들기가 힘들다면 전 세계의 자장가 중 하나를 들어보아요.

쉿! 작은 아기야
- 미국 자장가

쉿, 작은 아기야, 아무 말도 하지 마
아빠가 너에게 앵무새를 사 주실 거야
그 앵무새가 노래하지 않으면
아빠가 다이아몬드 반지를 사 주실 거야
그 다이아몬드 반지가 황동이라면
아빠가 거울을 사 주실 거야
그 거울이 깨지면
아빠가 염소를 사 주실 거야
그 염소가 말을 듣지 않으면
아빠가 수레와 황소를 사 주실 거야
그리고 그 수레와 황소가 뒤집히면
아빠가 누렁이라는 개를 사 주실 거야
누렁이라는 개가 짖지 않으면
아빠가 말과 수레를 사 주실 거야
그 말과 수레가 돌면
너는 여전히 마을에서 가장 예쁜 아기가 될 거야
여전히 마을에서 가장 예쁜 아기가 될 거야.

183

잘 자라, 내 동생 콜라야
-프랑스 자장가

Fais dodo, Colas mon p'tit frère
Fais dodo, t'auras du lolo
Maman est en haut
Qui fait du gâteau
Papa est en bas
Qui fait du chocolat
Fait dodo, Colas mon p'tit frère
Fait dodo, t'auras du lolo.

잘 자라, 내 동생 콜라야
자러 가서 우유를 마실 거야
엄마는 위층에서 케이크를 만들지
아빠는 아래층에서 코코아를 만들지
잘 자라, 내 동생 콜라야
자러 가서 우유를 마실 거야.

여기 내 아기, 아름다운 낯선 새야
-마다가스카르 자장가

Iny hono izy ravorombazaha
Ento misidina mankany antsaha
Ento misidina ambony
Rahefa mangina avereno,
O o o o o, ooooooo.

여기 내 아기, 오 아름다운 낯선 새야
아기를 마을 위로 날려, 아기를 하늘 높이 날려
아기가 조용할 때 다시 데려와
오 오 오 오 오, 오오오오오오.

쉿, 안녕 내 아기
-라틴 아메리카 자장가

Arrorró mi niño,
arrorró mi sol,
arrorró pedazo
de mi corazón.
Este niño lindo
ya quiere dormir;
háganle la cuna
de rosa y jazmín.

쉿, 안녕 내 아기야
쉿, 안녕 내 태양아
쉿, 안녕 내 심장의 한 조각아
예쁜 아이는
이미 자고 싶단다
장미와 자스민으로
요람을 만든단다.

에도의 자장가
-일본 자장가

ねんねんころりよ　おころりよ
ぼうやはよい子だ　ねんねしな
ぼうやのお守りは　どこへ行った
あの山こえて　里へ行った
里のみやげに　何もろうた
でんでん太鼓に　笙の笛(しょうのふえ).

잘 자라, 잘 자라
착한 아기야, 잘 자라
내 아들의 유모는 어디로 갔을까
산을 넘어서 마을로 갔겠지
마을에서 선물 가게로 갔겠지
무엇을 샀을까
장난감 북과 피리를 샀겠지.

이 책을 만든 사람들

별이 가득한 밤하늘처럼 빛나는 이야기와 그림들이 이 책을 가득 채우고 있어요. 글을 쓰고 그림을 그린 분들과 우리말로 글을 옮긴 분을 만나 보아요.

글쓴이

재키 맥캔은 여러 해 동안 어린이책을 만들어 온, 경험이 풍부한 작가이자 편집자입니다. 어린이들의 지식과 교양을 높이는 책 만들기 전문가로, 뛰어난 필자와 화가, 디자이너와 손잡고 놀라운 어린이책들을 펴내고 있어요. 이 책에서는 '병원의 분주한 밤', '찾아라, 고쳐라!', '우리가 잠자는 사이에', '달을 보아요', '달을 향한 여행', '달의 비밀'을 썼어요.

젠 아레나는 랜덤 하우스 북스 포 영 리더스의 편집 이사였으며 지금은 작가로 활동하고 있습니다. 《자유의 여신의 휴일》, 《키 큰 링컨》, 《핑크 스노우와 이상한 날씨》, 《아기를 위한 뽀뽀》, 《크고 작은 마르타!》와 같이, 어린이의 지식과 교양을 위한 많은 책을 썼어요. 미국 플로리다에 살고 있지요. 이 책에서는 '해가 뜨고 질 때까지', '하얀 밤', '북극광', '별나라 여행', '별 보기', '별들의 이야기'를 썼어요.

레이철 발렌타인은 《마마듀크 시리즈》를 포함한 여러 어린이 그림책을 썼습니다. 영국 켄트에서 가족과 개 스카웃과 함께 살면서 글을 쓰고 있어요. 이 책에서는 '우린 왜 잠을 잘까요?', '꿈은 무엇일까요?', '꿀잠 자는 법', '파라오의 침대', '세계의 잠자리', '아늑하고 따뜻해요!', '우주에서 잠들기', '흔들흔들 잠들기', '여행하며 잠자기'를 썼어요.

샐리 사임스는 여러 해 동안 어린이책 디자이너로 일하다가 글을 쓰기 시작했습니다. 닉 샤렛과 함께 펴낸 《부드럽고, 쫄깃하고, 덜컹거리는, 퐁당 책》으로 교육 작가 상을 포함해 여러 상을 받았고, 《파란색으로 시작하는 어떤 것》으로 사우샘프턴 선정 도서 상을 받았어요. 영국 서식스의 헛간에서 심술 궂은 고양이와 함께 살면서 글을 쓰고 있어요. 이 책에서는 '잠꾸러기 챔피언들!', '침대의 세계 기록', '밤의 사냥꾼들', '사막에서 사는 법', '물속의 잠자리', '동물들은 어떻게 잘까요?', '곰의 겨울잠', '작은 동물들의 겨울나기', '세상의 자장가들'을 썼어요.

그린이

에이미 그라임스는 영국 런던에서 활동하는 화가입니다. 주제에서 찾아낼 수 있는 자연스러운 무늬를 반영한 밝은 색상과 부드러운 질감이 담긴 작품을 그려요. 손으로 그려서 만든 다양한 질감을 컴퓨터로 옮긴 다음에 여러 형태로 재조합하여 만들지요. 이 책에서는 표지 그림과 166~181쪽에 들어 있는 그림을 그렸어요.

애널리 브레이는 영국 북서쪽에서 활동하는 화가입니다. 어렸을 때부터 동물과 마법 생물에 대한 이야기를 그리거나 조랑말에 대한 책을 만들었고, 열광적으로 책 읽기를 좋아했어요. 일러스트를 공부하고 책방을 운영했으며, 세계 여러 곳을 여행했어요. 애널리는 동물과 모험에 대한 사랑을 담은 이야기를 그림으로 그리고 있어요. 이 책에서는 118~149쪽에 들어 있는 그림을 그렸어요.

크리스틴 커디히는 영국의 리밍턴 스파에서 활동하는 화가입니다. 미술을 공부했고, 질감과 색상, 자국을 이용해서 컴퓨터로 그림을 그리는 것을 좋아해요. 그동안 모은 어린이책으로 가득한 집에서 남편하고 사랑하는 햄스터와 함께 살고 있어요. 케이크라면 절대 거절하지 않아요. 이 책에서는 38~53쪽과 182~185쪽에 들어 있는 그림을 그렸어요.

재키 리는 이야기를 전달하는 데 초점을 맞추어 그림을 그려요. 주위의 온 세계에서 영감을 얻지요. 사람들이 그림을 보고 미소를 떠올리게 하는 것을 좋아해요. 구아슈 물감의 질감을 좋아하고, 항상 스케치북을 들고 다니면서 손으로 그림을 그려요. 캐나다 앨버타 대학에서 미술을 공부했고, 영국 런던에 살고 있어요. 이 책에서는 22~37쪽에 들어 있는 그림을 그렸어요.

조안 리우는 미국 미시간 대학에서 그래픽디자인을 공부했어요. 첫 번째 어린이책인 《나의 박물관》으로 2018년 이탈리아 볼로냐 라가치상 특별상을 받았어요. 2019년에는 두 번째 어린이책 《나의 도시》를 펴냈어요. 이 책에서는 86~101쪽과 192쪽에 들어 있는 그림을 그렸어요.

케이티 루스는 영국 본머스에서 활동하는 화가예요. 본머스 대학과 대학원에서 일러스트를 공부했어요. 여행이나 모험, 야외 활동에서 영감을 얻어요. 그림을 그리지 않을 때에는 남편과 함께 캠핑카를 타고 바닷가를 탐험하는 것을 좋아합니다. 이 책에서는 102~117쪽에 들어 있는 그림을 그렸어요.

케이티 윌슨은 뉴질랜드의 아름다운 남섬에 있는 낡고 작은 철도 관사에 살면서 그림을 그리고 있어요. 어른과 어린이 모두를 위한 그림을 그리는데, 손 그림 느낌을 살려서 달콤하고 발랄하게 그리는

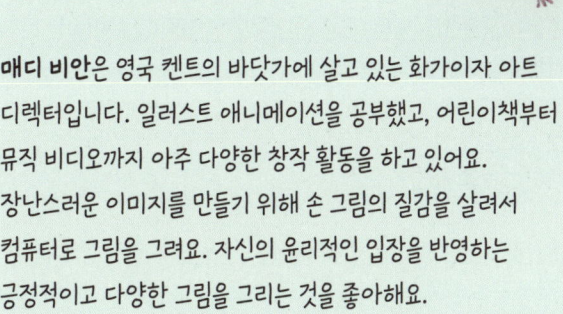

것이 특징이에요. 이 책에서는 70~85쪽에 들어 있는 그림을 그렸어요.

매디 비안은 영국 켄트의 바닷가에 살고 있는 화가이자 아트 디렉터입니다. 일러스트 애니메이션을 공부했고, 어린이책부터 뮤직 비디오까지 아주 다양한 창작 활동을 하고 있어요. 장난스러운 이미지를 만들기 위해 손 그림의 질감을 살려서 컴퓨터로 그림을 그려요. 자신의 윤리적인 입장을 반영하는 긍정적이고 다양한 그림을 그리는 것을 좋아해요. 이 책에서는 6~21쪽에 들어 있는 그림을 그렸어요.

나탈리 스마일리는 영국 데번에 살고 있는 화가입니다. 개와 함께 산책하면서 만나는 식물과 동물들에게서 영감을 얻어요. 유명한 책의 표지를 재창조하는 일에 빠져 있어요. 주로 컴퓨터로 그림을 그리지만, 붓을 사용해서 그림의 질감과 깊이를 표현하는 것을 좋아해요. 이 책에서는 54~69쪽에 들어 있는 그림을 그렸어요.

올리비아 홀든은 영국 랭커셔의 화가입니다. 공부를 마치고 다양한 책을 펴내는 데 참여했어요. 이번 작업은 우주를 향한 첫 번째 탐사 여행이었어요. 구아슈 물감과 연필, 크레용을 혼합해서 다양한 질감을 만들어, 체계적이면서도 장난기 어린 그림을 그리고 있습니다. 이 책에서는 150~165쪽에 들어 있는 그림을 그렸어요.

옮긴이

강수진은 그림책이랑 아이들이랑 노는 걸 좋아하는 초등 교사입니다. 교사 놀이연구회 '놀이위키' 회원이자 초등교사 그림책 신작 읽기 모임 '초그신' 운영자로 활동하며 '놀이'와 '그림책' 두 마리 토끼를 쫓고 있습니다. '놀자쌤'이라 불리며, 어디서나 아이들과 선생님들에게 그림책을 나누는 행복한 매일을 보내고 있습니다. 함께 지은 책으로 《잘 익은 교과서 그림책》, 《작가와 함께 하는 그림책 토론 수업》이 있습니다.

용어 사전

궤도 : 우주에서 물체가 다른 물체 주위를 크게 돌면서 그리는 거의 고정된 경로.

렘수면 : 잠을 자는 동안, 주로 꿈을 꾸고 있으며 눈이 빠른 움직임을 보이는 시간.

로켓 : 연료와 산소를 담고 있어 스스로 연소하는 엔진으로 움직이는 운송 수단.

무아지경 : 어떤 생각에 골몰하여 자기 자신조차 잊고 있는 상태.

반구 : 지구 표면을 두 쪽으로 나누었을 때의 한 부분. 북반구와 남반구가 있다.

별 : 밤하늘에서 수없이 빛나는 우주의 물체. 지구나 화성과 같은 행성이나 달과 같은 위성은 포함하지 않는다.

분화구 : 화산의 폭발이 일어나거나, 외부에서 날아온 물체가 충돌하여 행성이나 달의 표면에 생긴 구멍.

사냥감 : 다른 동물들이 먹잇감으로 삼는 작은 동물.

사바나 : 열대 지역에 주로 있는, 드문드문 나무가 있고 주로 키가 큰 풀로 덮인 넓은 초원.

산소 : 공기 중에 있으며 동물이 호흡을 하거나 물체가 탈 때 필요한 기체. 보이지도 않고, 냄새도 없다.

양서류 : 개구리나 두꺼비처럼 등뼈가 있는 변온동물. 어릴 때는 보통 물속에서 살고, 성장하면 주로 땅 위에서 산다.

영장류 : 유인원, 원숭이, 인간을 포함한 포유류에 속하는 여러 동물.

우주 : 지구를 포함해서 온 세상을 이루는 모든 것과 그 체계.

우주인 : 우주선을 타고 우주를 탐사하는 사람.

위성 : [1] 행성 주위를 도는 우주의 물체. [2] 지구, 달 또는 행성 주위를 돌게 하기 위해 사람이 만들어 우주로 보낸 장치나 운송 수단. '인공 위성'이라고도 한다.

육식 동물 : 주로 다른 동물을 먹잇감으로 삼는 동물.

은하 : 우주에 있는 별과 기체, 먼지가 모인 큰 무리.

은하수 : 수많은 별들이 지구의 하늘을 가로질러 빛나는 빛의 띠. 태양계가 속한 우리 은하를 지구에서 부르는 이름이다.

자궁 : 젖먹이 동물에서 새끼가 태어나기 전에 어미 동물의 몸속에서 머물고 자라는 곳.

자장가 : 아기나 어린이가 잠들 수 있도록 불러 주는 노래.

점액 : 미끄럽고 끈적끈적하며, 몸의 일부를 덮어 습기를 공급하고 보호하는 물질.

종 : 같은 특성을 갖고 있고 함께 자손을 번식할 수 있는 생물의 종류.

중력 : 지구 표면에 있는 물체를 지구 중심으로 당기는 힘.

지축 : 행성과 같이 회전하는 물체의 축이 되는 가상의 직선.

천문대 : 망원경처럼 우주의 물체를 관찰하기 위한 도구가 있는 장소.

천문학자 : 우주, 우주 안의 물체와 현상을 연구하는 사람.

태양계 : 태양과 그 주위를 도는 행성, 소행성, 혜성 및 유성을 함께 부르는 이름.

투어 버스 : 장거리 여행을 위한 버스. 먼 곳으로 이동하며 펼치는 공연이나 연주를 위해 특별한 시설을 갖춘 버스를 말하기도 한다.

포유류(포유동물) : 등뼈가 있고, 어미는 새끼에게 젖을 먹이며, 피부가 대부분 털로 덮인 온혈 동물. '젖먹이 동물'이라고도 한다.

행성 : 태양과 같은 별의 주위를 도는, 지구와 화성처럼 큰 우주 물체.

참고한 자료들

이 책의 글쓴 이는 모두 엔사이클로피디어 브리태니커에서 운영하는 britannica.com에 수록된 기사에서 내용을 뽑았습니다. 또한 다음과 같은 많은 출판물과 기사, 웹 사이트를 참고했습니다. 이 책에 수록된 모든 내용은 브리태니커의 편집자들이 확인했습니다.

웹 사이트

www.astronomy.com

www.bbc.com

www.bear.org/brown-grizzly-bear-facts

www.britishmuseum.org

www.guinnessworldrecords.com

www.ice.org.uk

www.iwm.org.uk

http://mathshistory.st-andrews.ac.uk

www.mhs.ox.ac.uk

www.nasa.gov

www.nationalgeographic.com

www.nhs.uk

www.ripleys.com

www.smithsonianmag.com

www.tideway.london/the-tunnel

책

빌 브라이슨, 《인체 : 사용자를 위한 안내서》, 더블데이, 2019.

자히 하와스, 《투탕카멘 : 무덤의 보물》, 테임즈앤허드슨, 2018.

올리버 모튼, 《달 : 미래의 역사》, 이코노미스트북스, 2019.

이안 리드패스, 《천문학 : 시각적 안내서》, 돌링킨더슬리, 2018.

매튜 워커, 《우리는 왜 잘까 : 잠과 꿈에 관한 새로운 과학》, 펭귄, 2018.

찾아보기

ㄱ

가을 120, 147, 172
갈릴레오 갈릴레이 157~9, 172~4
개구리 92, 128~9
거미 98, 112
거북이 127
겨울 52, 118~9, 122~9, 132~3, 140~7
고대 그리스 162
고대 이집트 18, 38, 41
고래 106~7
고양이 24, 100~1
곤충(벌레) 90, 92, 96~7
곰 118~9
국제 우주 정거장 54~7, 176
군함조 111
굴(은신처) 94, 96, 98, 100, 112, 122~3, 125, 130, 132~3, 139
궤도 27, 54, 141, 170, 176
기네스 세계 기록 22~3, 28
기둥 침대 32~3
기린 115, 163
기억(기억력) 10
기차 64~6, 69
깃털 87, 89
꿈 8, 14~9, 37, 69

ㄴ

나무늘보 116
나무집 48
남극광 148~9
남아메리카 47, 116, 181
낮 139

ㄷ

내로우보트 66
농부 80, 82

ㄷ

달 86, 137, 156, 165~81
달의 뒷면 170~1, 176
달의 위상 171
달팽이 113
담요 53, 122
대영 박물관 18, 113
돌고래 106~7, 111
동굴(굴) 24, 30~1, 90, 122
동남아시아 92
동면 126~33
드림캐처 19

ㄹ

러시아 26~7, 64~5, 147, 174
렘수면 8, 15

ㅁ

마멋 132~3
마야 사람 61
말 66, 114, 162, 183
망원경 54, 156~9, 172~4
매트리스 30~1, 44~7
머리 받침(베개의 한 종류) 41
모기 24, 30, 47, 48
모피 51, 89, 101, 108~9, 116, 119
몽유병 13
무당벌레 126, 134

ㅂ

물고기(어류) 81~3
물침대 47

ㅂ

바다코끼리 105
바탐말리바족 181
박쥐 24, 90~1
반구 160~1, 163
밤의 사냥꾼 86~7, 92~3
뱀 18, 60, 94, 101, 132~3
버스 68~9, 78
별 관측 156, 164~5
별자리 160~2
병원 70~5
봄 125~6, 129, 132, 147
북극광 146~9
북아메리카 119, 127, 128
블러드문 178~9
빅토리아 앨버트 박물관 33

ㅅ

상어 102~3
생쥐 86, 87, 94, 120
샤르포이(인도식 간이 침대) 46
성경 18, 145
소 40, 80, 114, 144
슈퍼마켓 80~1
신기록 보유자 22~4, 27~8, 31~7

ㅇ

아기 14, 20, 70, 73~5, 125, 182~5
아시아 47, 96, 100
아프리카 25, 30, 47, 51, 96, 100, 163, 181
안경원숭이 92~3
알래스카 119, 143, 147
앵무고기 104
야행성 7, 86, 90, 92, 98, 100, 138~9
어린이 6, 12~3, 20, 50
어부 82
얼룩말 114, 163
여름 34, 122, 125, 138, 140~3
오랑우탄 29
오로라 146
오리 66, 110, 111
오스트레일리아 117, 142, 163
오지브웨 사람 19
올빼미 7, 87~9, 92,
우주인 27, 54~9, 174~7
운동 6, 21, 56, 139
월식 178~9, 181
은하수 155, 163
이글루 51
이누이트족 51
이부자리(담요) 46, 53
일식 181
잉카 181

ㅈ

자장가 21, 182~5
잠꼬대 13

잠수함 67
저보아 94~5, 101
제빵사 84~5
조각 이불 30, 35
종달새 7
주니족 144
줄루족 51
중국 18, 37, 52, 94, 144, 180
중앙아메리카 47, 60, 116

ㅊ

천문대 158~9
천산갑 96~7
철길 79
침낭 59, 104

ㅋ

코골이 12, 28~9, 72
코끼리 25, 29, 114
코로와이족 48
코알라 117

ㅌ

타란툴라 98~99, 112
태양
 백야 140, 143
 일몰 56, 134, 137
 일출 56, 83, 134, 137, 139
 햇빛 19, 137, 142, 170
태양계 149, 151, 166, 176
투탕카멘 38~44

ㅍ

페어 130~1

ㅎ

하수구 76~7
해달 108~9
해먹 60~3
호박벌 126
호피족 144
홍학 114
화덕 침대 52~3
화성 157, 177
화장실 55, 58, 76
회색곰 118~9, 120~5

191

잠들기 전 5분 잠 이야기
잠에 관한 놀랍고 재밌는 사실들

글 재키 맥캔, 젠 아레나, 레이철 발렌타인, 샐리 사임스
그림 에이미 그라임스, 애널리 브레이, 크리스틴 커디히, 재키 리, 조안 리우,
케이티 루스, 케이티 윌슨, 매디 비안, 나탈리 스마일리, 올리비아 홀든
옮김 강수진

초판 1쇄 펴낸날 2022년 6월 3일

편집장 한해숙
기획편집 신경아, 디에디터
디자인 최성수, 최금옥
마케팅 박영준, 한지훈
홍보 정보영, 박소현
경영지원 김효순
펴낸이 조은희
펴낸곳 ㈜한솔수북
출판등록 제2013-000276호
주소 03996 서울시 마포구 월드컵로 96 영훈빌딩 5층
전화 02-2001-5822(편집), 02-2001-5828(영업)
전송 02-2060-0108
전자우편 isoobook@eduhansol.co.kr
블로그 blog.naver.com/hsoobook
인스타그램 soobook2
페이스북 soobook2

ISBN 979-11-7028-947-0 73030

이 책의 원저작물에 대한 모든 권리는 따로 표시한 것을 제외하고 왓언어스와
엔사이클로피디어 브리태니커에 있으며, 한국어판에 대한 권리는 영국의
더라이트솔루션사와 한국의 ㈜디에디터를 통한 저작권사와의 계약에 의해
㈜한솔수북에 있습니다. 저작권법에 의해 한국 내에서 보호를 받는 저작물이므로
무단 전재 및 복제를 금합니다.

어린이 제품 안전 특별법에 의한 제품 표시
품명 도서 | **사용연령** 만 4세 이상 | **제조국** 대한민국 | **제조자명** ㈜한솔수북 |
제조년월 2022년 6월

※ 값은 뒤표지에 있습니다.

5 MINUTE REALLY TRUE STORIES FOR BEDTIME

'브리태니커 북스'는 엔사이클로피디어 브리태니커와 왓언어스 출판사가 제휴하여
설립한 임프린트입니다. 이 책은 영국에서 처음 출판되었습니다.

개발 샐리 사임스
디자인·아트 디렉터 샐리 사임스
표지 디자인 앤디 포쇼
표지 그림 에이미 그라임스
찾아보기 코린 루카스

엔사이클로피디어 브리태니커
편집 관리 책임 앨리슨 엘드리지
팩트 체크 책임 데니스 스코드
팩트 체크 피아 비글로우, 레트리샤 딕슨, 윌 고스너, R. E. 그린

브리태니커 북스
발행인 낸시 페레스틴
편집 주간 나탈리 벨로즈
아트 디렉터 앤디 포쇼
제작 관리 알렌카 오블락

Text © 2020 What on Earth Publishing Ltd. and Britannica, Inc.
Illustrations on cover and pages 166–81 © 2020 Amy Grimes
Illustrations on pages 118–49 © 2020 Anneli Bray
Illustrations on pages 38–53 and 182–5 © 2020 Christine Cuddihy
Illustrations on pages 4–5 and 22–37 © 2020 Jacqui Lee
Illustrations on pages 86–101 and 192 © 2020 Joanne Liu
Illustrations on pages 102–17 © 2020 Katie Rewse
Illustrations on pages 70–85 © 2020 Katie Wilson
Illustrations on pages 6–21 © 2020 Maddy Vian
Illustrations on pages 54–69 © 2020 Natalie Smillie
Illustrations on pages 150–65 © 2020 Olivia Holden
(Please note that illustrations in this book are not drawn to scale.)
All rights reserved.
Korean edition © 2022 Hansolsoobook Publishing Co.
Korean translation rights arranged with What On Earth Books
through The Rights Solution, UK and
The Editor, Seoul, Korea.
Printed and bound in Republic of Korea